电商扶贫添动能

DIANSHANG FUPIN TIAN DONGNENG

国务院扶贫开发领导小组办公室综合司
国务院研究室农村经济研究司 ◎ 编

中国言实出版社

图书在版编目（CIP）数据

电商扶贫添动能 / 国务院扶贫开发领导小组办公室综合司，国务院研究室农村经济研究司编 . -- 北京：中国言实出版社，2020.12

ISBN 978-7-5171-3608-8

Ⅰ.①电… Ⅱ.①国… ②国… Ⅲ.①扶贫－案例－中国 Ⅳ.① F126

中国版本图书馆 CIP 数据核字（2020）第 233216 号

出 版 人　王昕朋
责任编辑　史会美
　　　　　崔文婷
责任校对　王建玲

出版发行　**中国言实出版社**
　　　　　地　　址：北京市朝阳区北苑路 180 号加利大厦 5 号楼 105 室
　　　　　邮　　编：100101
　　　　　编辑部：北京市海淀区花园路 6 号院 B 座 6 层
　　　　　邮　　编：100088
　　　　　电　　话：64924853（总编室）　64924716（发行部）
　　　　　网　　址：www.zgyscbs.cn
　　　　　E-mail：zgyscbs@263.net
经　　销　新华书店
印　　刷　北京中科印刷有限公司
版　　次　2021 年 1 月第 1 版　　2021 年 1 月第 1 次印刷
规　　格　710 毫米 ×1000 毫米　　1/16　16.75 印张
字　　数　210 千字
定　　价　68.00 元　　ISBN 978-7-5171-3608-8

本书编委会

主　任：郭　玮

副主任：苏国霞　张顺喜

编　委：（以下按姓氏笔画排序）

王　澎　王昕朋　韦　飞

朱艳华　余向东　张　一

张伟宾　林江平　胡明宝

贺达水　黄　阳　曹振华

韩　啸

目　录

农产品上行篇

电商"新农人"篇

消费扶贫篇

农村信息化篇

农产品上行篇

种下丰收果　打通上行路

余向东　韩　啸

时至金九，秋意渐浓，又到了中国农民喜迎丰收的时节。2020年，在我国农业生产应对各种挑战的过程中，电商很靠谱，很给力，从配合疫情防控的"无接触配送"，到基于大数据的跨区域、全渠道资源调配，从直连产地和餐桌的冷链物流，到风雨无阻准时送达的"快递小哥"，从直播带货的网红市县长，到才放下锄头又拿起手机的"新农商"，都在助力着农产品上行，为贫困地区农户脱贫增收奔小康费心劳力。

党的十八大以来，脱贫攻坚全速推进。打赢脱贫攻坚战，交通开路、金融助力，贫困地区特色产业生机焕发，大批农业生产经营主体和农户们搭上"互联网＋"的快车，越来越多的农特产品通过电商走向全国大市场。特别是在新冠肺炎疫情肆虐全球的今年，电商促进农产品上行、推动农业产业转型的作用凸显，也为提高脱贫攻坚的成色贡献力量。

要想富，先修路

在贵州省黔西南布依族苗族自治州望谟县城，人们习惯用"高速通之前"和"高速通之后"来描述不同的生活；到了村里，则分成"村村通之前"和"村村通之后"。望谟地处贵州高原向广西丘陵盆地过渡

贵州黔西南望谟山区

的斜坡地带，境内山高坡陡，沟谷纵横，山脉绵延起伏。群山展露了震撼人心的自然风光，也阻隔了对外商贸流通。这里是2020年贵州挂牌督战重点地区之一。

贫困户罗德胜家住在该县平洞街道洛郎村。以前村里只有皮卡能勉强开进来。如果要到省城，汽车需要先开40分钟崎岖的山路，再在蜿蜒的国道上颠簸6个小时。这种交通条件在县里已属中上游水平。

望谟板栗种植历史有百余年，中秋过后是板栗的上市期。很长一个时期里，村民要把板栗背到货车能通行的路口，卖给收购商，每斤板栗价格不到1元。村民种植的稻谷、西瓜、辣椒等作物，主要是自产自销。小孩上学、老人治病、意外伤残等大额开支，往往会让一家人的生活"一夜回到解放前"。外出务工成了多数人的选择，久而久之，农业生产陷入"没人管、卖不出"的恶性循环。

情况在路通之后发生了变化。高速路吸引了外界商人前来办厂投资，把板栗包装成小零食，通过电商平台销往全国各地。货车开到村民家门口，板栗身价高了。板栗厂与村里的合作社共建种植基地，在金融扶贫支持下，县政府、农村信用合作社与板栗厂合作，向农民提供 5 万元无息贷款，合作社统一组织 360 多户农民将贷款作为本金入股板栗厂……同样是种板栗，但罗德胜的身份变成了"员工＋股东"，领着基地发放的工资，还能享受利润分红。脱贫的罗德胜准备这两年多种几亩板栗，再把在外打工的老婆、大儿子都叫回来，一起经营板栗田。

截至 2019 年底，我国农村公路总里程已超过 404 万公里。特别是脱贫攻坚工程中，农村硬化路面建设高速推进。大多数贫困县已经像望谟一样，实现了组组通水泥路。这让罗德胜家的板栗端上大城市消费者的餐桌成为可能，也将边远偏僻乡村里的小农生产与大市场连接起来。与此同时，金融扶贫也为地方农业产业发展注入了更多"活水"，为众多贫困户发展生产、改善生活提供着支持。

扶智扶志，思路一变天地宽

思路的阻隔也是致贫因素之一。对于定居于四川大凉山上的"直过民族"彝族同胞来说，脱贫路上最大的考验就是文化的融合、观念和习惯的改变。

脱贫致富带头人吉克石良在四川凉山州美姑县的彝绣扶贫车间工作，这个东西部对口扶贫的车间，就设在该县牛牛坝乡易地移民扶贫集中安置点，吸纳搬迁下山的贫困妇女就业。扶贫车间将广绣技法与彝绣花样、审美相结合，制作出手机套、手绢、服装等工艺、消费品，在市场上进行销售，之后按件向彝族绣娘们发放工资。

每当有新彝族绣娘进入扶贫车间，吉克石良最重要的工作就是改变绣娘们的观念。"你做错了不说，最后东西不行，你时间浪费了钱也拿不到。"这是她常常挂在嘴边的话。听起来不难懂的道理，在扶贫车间就要反复强调。

在参与凉山扶贫工作的人看来，彝族同胞需要更多的耐心和机会，也需要更多的教育与支持。吉克石良深有感触，与很多的彝族妇女相比，她最大的财富是念到了高中，这让她能成为扶贫车间的带头人。东西部协作提供的广绣培训、车间管理指导，又让她的见识上了一个台阶，她常对女工说："自己多赚点钱就多有底气一点。"

凉山中泽橄榄油公司是凉山脱贫带头企业之一，在全国闻名的"悬崖村"，不少贫困户家都种有与中泽公司合作的油橄榄。负责人徐晓燕说，刚到这里时，一些村民对油橄榄采摘后需即时加工的要求不在意。徐晓燕只好付款收下隔夜的油橄榄，再当着村民的面倒掉。隔三岔五就要组织基地彝族种植户培训，讲解油橄榄的种植收获技巧等。通过不间断的培训，种植户的意识提高了，还有人主动把小孩送到公司工作。

随着新一代彝族年轻人成为家庭中坚，脱贫的内生动力在增强。

四川阿坝州油橄榄种植户、"悬崖村"网红某色拉博在直播间介绍家乡

2020 年 7 月初，广东对口凉山扶贫协作工作组与某电商平台联合主办新农商主题培训，主要内容为电商开店基础，参加培训的 3800 名学员中有不少就是彝族"新农人"。

不只是在凉山，越来越多的新一代少数民族年轻人，正在学习和运用新技术改造家乡，带富家乡。

走的人多了，也便成了路

2020 年新冠肺炎疫情发生后，不少地方的农产品流通受阻。面对压力，一些地方的市长、县长变身"主播"，利用电商直播的方式向消费者推介地方农产品，开辟了农产品上行的新通路。2 月 19 日，浙江衢州市长 2 小时内卖出了 20 万斤椪柑，相当于完成了一家线下大型超市门店 2—3 个月的任务。

贫困地区"市县长直播，贫困户卖货"，有助于加速贫困地区农货上行效率，刚刚上网的农民店铺，在市县长们的支持下，迅速完成了在电商平台的冷启动。

5 月 20 日，国务院扶贫办联手某电商平台推进消费扶贫直播行动，由贫困地区市县长带头，组织 100 场消费扶贫直播促销活动，推进扶贫产品销售。阿坝藏族羌族自治州州长就是"主播"之一。7 月 22 日，他领衔下辖 1 市、12 县政府主要领导开启"净土阿坝"消费扶贫州县长大联播，在电商直播间发起了"1 元秒杀""0 元抢购"活动，提供当地牦牛肉、羌脆李等多款"骨折价"优质好物。

阿坝州在 2020 年初实现全域脱贫，如何巩固脱贫成果，走向小康生活成为新的课题。在 2020 年全国"两会"上接受采访时，他就提出，用直播带货的方式推广"净土阿坝"品牌，利用电子商务让阿坝州特产走出高原，走得更远。这次为支持州内企业线上化转型，阿坝州政府还提供补贴，支持参与直播的商品做"1元抢购""半价优惠"等活动。最终，这场直播创下了"三区三州"地区电商直播销售新纪录。

看着直播间不断增加的观看数字，俄休村乐玛吉合作社负责人扎多喜上眉梢。这次直播销售的薯条制品，原材料正是来自乐玛吉合作社。火爆的销售让合作社2020年430万元产值的目标触手可及。而这场电商直播，也让扎多开始研究直播和开店，他想让消费者看看合作社全机械化播种土豆的现场。

金秋收获在望。望谟罗德胜家的板栗已经挂满枝头，准备采摘下树；凉山"悬崖村"的油橄榄树结出了果实；阿坝州的高原马铃薯已经熟了，扎多正紧锣密鼓地招募工人。像这些地方一样，贫困地区的农户们要收获劳动果实，脱贫攻坚也到了丰收时刻。

边陲小农户接通全国大市场

——揭秘云南农货上行路径

韩 啸

　　"与电商合作扶贫，是我们非常想做的事。"在某电商平台上，云南省蒙自市一个本地店铺在短短 24 小时内，就卖出了 15 万斤特产小黄姜，该市工信局局长刘毅很是兴奋。他一口气提出三个问题：如何解决边远地区的农产品销售难，如何利用网络大数据预测、向贫困户

定制农产品,怎么推动"新农人"运营政府投资建立的村级电商服务站,"电商平台帮助我们开辟一条精准扶贫路径,契合了地方政府的需求与设计"。

"农产品上行单价低、利润薄,有时快递价格比产品还贵。以往电商企业为降低快递成本,通常要先发昆明再分发。而在电商平台助推下,在蒙自产地直发的商家越来越多,快递价格降了,销量越来越大。"蒙自电子商务公共服务中心负责人普海丽介绍说。

蒙自小黄姜、蒙自石榴、丘北雪莲果、漾濞核桃等云南农产品,都在电商平台上大卖。数据显示,三年来从电商平台上卖出的云南农货达 2652 万单、共计 1.3 亿斤,而且呈现加速发展趋势,2018 年达 1866 万单、9330 万斤。

溢价收购背后,"拼模式"与 3.86 亿用户大市场

云南红河州首府蒙自,年均日照长,当地特产小黄姜肉质紧实、姜汁浓郁、辛辣十足,每年 12 月份采挖的生姜品质尤佳。该地小黄姜种植面积 56 万亩,年产 80 多万吨。可惜当地交通较为闭塞,物流成本高,尤其最近阴雨天气较多,寒潮将至,好姜低价也不好卖。

了解到这一情况后,某电商平台联合当地商家,于 2018 年 12 月 17 日在该平台助农频道推出"2018 云南现挖生态小黄姜",每斤不到 1.8 元,仅相当于蒙自当地超市的六折。截至 18 日下午,不到 24 小时卖出近 2.5 万单,总量超过 15 万斤,其中部分小黄姜来自几十户建档立卡贫困户。

电商老李 2017 年 12 月开始在某电商平台上卖蒙自特产小黄姜,一年时间卖了 2300 吨。老李感慨"从没想到能把蒙自小黄姜卖到全国各地,甚至有不少饭店、食堂通过电商平台长期进货,最远的会发到东

北、新疆。在电商平台上，等于是批发、零售一起干了"。

距离蒙自 200 多公里外的文山州丘北县，溢价收购也是常事。"我们如果收 1.2 元，别的商家就不可能只收 8 毛了。"28 岁的钱先生是某电商平台上的"新农人"，为保障货源，他主动将云南文山苗族壮族自治州丘北县的雪莲果价格往上提。"种植雪莲果是个生态链，农民没钱赚就少种甚至不种了，我们也没得卖。我们销售量大，必须跟农民共赢。"

据某电商平台联合创始人介绍，2016 至 2019 年短短 3 年，该平台聚集了 3.86 亿活跃买家。该平台的社交属性很强，从传统电商的"物以类聚""人找货"，进化到"人以群分""货找人"，消费者既能在自己的社交圈里看到心动的东西，也会收到该平台推送的个性化商品。

产地直达，尽量让消费者享受"收购价"

通过社交裂变与不断演进的人货智能匹配，3.86 亿消费者的海量需求确定后，也引发了整个供应链的优化。"新农人"不断优化仓储、物流等供应链，真正做到"多对多"产地直达、薄利多销。

在传统零售批发市场，农产品要经历农民、商贩、批发市场、超市或菜市场多个环节，每层可能加价 30% 左右才能到消费者手上。但电商平台的闯入，打破了原有体系。依靠 C2B 模式实现了"田间直发餐桌"，降低了中间流通成本，也在最短的流程中保证了货品的新鲜度。

在云南边疆，中转次数多，小电商的快递费每单要到五六块甚至更高。电商平台上出货量大的商家，会与快递伙伴深度合作，甚至主动教快递公司开展电商业务，共同降低成本。钱先生介绍说，他们干脆与一家快递公司合作，在部分线路组建了自己的快递团队。这些努力，让3公斤以上的包裹，平均每单能便宜1.5元左右，物流费用节约近三成。

做生鲜水果起家的某电商平台，铁了心要做好刻在公司基因里的农货上行。"过去三年，平台已累计帮扶近14万户建档立卡扶贫家庭，产生超过21亿笔扶贫助农订单，累计销售109亿斤农产品，相关交易总额达510亿元。"该电商平台的负责人在乌镇互联网大会上表示。

供给侧变革，定制式精准助农扶贫

2017年12月初，在云南漾濞，因核桃滞销愁得难以入眠的刘文杰找到了某电商平台商家杨立。12月4日晚8点，刘文杰的漾濞核桃在该平台上线。当晚就销售了2000多单，第三天一早达到2.7万单。杨立突然意识到，在电商平台上将商品做成爆款后，货源供应问题是很大考验。为了玩转"拼模式"，杨立与漾濞、宾川、大姚等地的四个大型合作社达成供货协议。

"企业在电商平台的销量大致确定后，可以直接向蒙自的农民们下订单，尤其是那些贫困户，就不愁销路了。"刘毅敏锐地将C2M模式与精准扶贫结合起来。他正在策划，让"石头缝里种出来"的西北勒乡苹果，也能在电商平台上畅销。

对于可持续脱贫，中国农业大学教授李小云曾分析说，需要创新一村一组或一户一品的特色产品，现在是结构性的产品短缺时代，需求也在个性化。

"我们已经在尝试这样做了，合作社里，农民出劳力和土地，公司出资金，在电商平台上包销。农民收入保底，亏了算我的，超过保底收入了，再五五分成。"老李说，"下一步将更多贫困户纳入供应链，定制农产品。"电商平台上的规模化订单，促进了大量小农户、合作社整合，以集约化生产降低成本，提高抗风险能力。

"无论是农货上行还是精准扶贫，都需要平台、商家、农户的高效协同，各自做好本分。"某平台负责人表示。

扶持"新农人"，打通电商扶贫的资源链条

近几年，各地电商发展迅速，政府投了不少资金做基础设施。在蒙自，除了占地 3.6 万平方米的电商产业园，政府还在山区尤其贫困地区，建了一批村级电商服务站。"但目前，部分站点的运营效率还不高，怎么提升它们？"刘毅把这个问题，抛给了"新农人"们。

对此，中国人民大学农业与农村发展学院汪三贵教授认为："政府要避免主观意志主导求大求快，不做违背市场规律的事情，做好该做的服务和兜底，特色产业发展和创收要靠市场来带动。"

据了解，蒙自比较大的电商，目前往往在田间地头自建仓库。"这些已经建好的站点，我们可以来运营，工作人员跟我自建站点的人一样有收入，但我要能根据电商平台上的销售情况，统一调配资源。"老李的思路很灵活，盘活资源，的确需要用市场逻辑打底。

在刘毅看来，"人才缺乏是最大痛点"。某电商平台发现各地农村都缺既懂电商也懂农业的人，于是成立了培训学校，对有志脱贫致富的创业者和农户定向培育，通过线上、线下课程联动的形式，传递电商知识、实操经验及经营技能。

从既懂电商也懂农业的"新农人"到具备主体意识的新农民；从消费端的社交、游戏拼单到供给侧的农产品采购种植，在农产品上行领域，某电商平台已形成全链条良性循环，为云南乃至中国的扶贫助农，提供了高效、独特的"拼模式"。

重庆：构建电商新生态 支持农产品出村进城

俞　芳

新冠肺炎疫情之下，消费大势向"全民在线"转战。重庆商务委和农业农村部门密切协作，广泛发动和组织电商网商打通"出村进城"路，帮助农产品特别是滞销农产品触网销售，有效疏通卖难和买难之间的堵点。仅仅在2020年2月份，重庆农产品网络零售额达6.44亿元。面对疫情的大考，重庆交出了一份创新答卷。

地方对接大平台，建"地网＋天网"

作为中国面积最大的直辖市，重庆38个区县中有37个涉及农业产业。疫情发生后，重庆市商务委一手抓农产品供给信息汇集，一手利用电商新业态、新媒体，为区县农产品搭建起多渠道销售桥梁。

利用大平台当下最火的直播卖货、搭上新媒体的传播快车道，开州区就联手了某电商平台，帮助种植"开县春橙"的果农进行产销对接，直连平台的消费者。开州区区长线上直播带货，单日卖出万单"开县春橙"，成交额超出30万元。

该电商平台重庆区相关负责人说，需求端，电商平台通过"天网"对农货产地、成熟期、物流、仓配等进行智能处理匹配给消费者。供给端，通过持续聚合消费者订单，将需求信息对接到"新农人"和合作社的"地网"，促使供给端提供保质保量的农产品，推动产销互动和农商互联。本次该平台收集到280多条农产品滞销信息。

对接大平台，重庆忠县与邮乐购、云阳县与京东及建行善融商城深入合作，销售农货超3330万元。奉节县一手抓淘乡甜、天猫农场等平台自营直采，一手与拼多多、有赞、萌推等社交电商联合营销，售出农货超5000万元。利用丰富的"线上业态"和新媒体营销，重庆在战"疫"中为农产品走出去探出了新路子。

平台间联动，强供应链活社区终端

重庆吉之汇是集农贸物流城及农贸电商平台于一体的重庆本土企业。为了保障果品的品质，减少周转损耗，该企业在重庆开州、黔江、奉节等地的农村设有产地前置仓和分拣物流，电商平台的鲜果爆品通常由前置仓实现直采直发，并利用卫星遥感、机器视觉、物联网等技术打造数字基地，让"最初一公里"向智慧化转型。

有质量稳定、标准化、效率高的供应链体系保障货源，该企业"最初一公里"的优势很快得到全国各大电商平台的青睐。某社交电商相关责任人表示，与该企业联手销售奉节脐橙是平台首次尝试单品销售，由于销售超出预期，平台又进行了第二次销售，30万斤奉节脐橙不到半天全部售完。奉节脐橙是地理标志保护产品，平台已与该企业建立了长期合作的关系，希望挖掘出更多重庆品牌农产品。借力各大平台到达消费者"最后一公里"的优势，吉之汇线上线下销售农产品1.68万吨，助农增收约7800万元。

在这次疫情中，贴合"宅经济"消费场景的社交电商、社区团购新模式也在电商大军中异军突起。美家买菜"社交电商＋社区团购"的无接触配送服务受到重庆主城九区4200多个小区25万家庭的信赖。

美家买菜重庆分公司负责人温文介绍，公司配送水果、蔬菜、肉类、水产及米面粮油等民生用品。美家买菜在2月初复工后，就面向社区提供平价套餐，推出全流程消毒、无接触配送、无接触自提点三大服务，深受社区用户喜爱。

由于美家买菜向公众提供"我有滞销菜"求助端口，重庆长寿血橙、巴南不知火丑柑等滞销的信息传上美家买菜网后，温文的团队就到基地直采。血橙一下子就卖到了四川、湖南等地，不知火丑柑最远卖到了河北，一些农场、农户的滞销鲜鸡蛋卖出100多万枚。"发挥美家买菜在全国200多个城市布点的信息共享优势，重庆市民在疫情期间也尝到了海南金钻凤梨的味道。"

依托平台联动，重庆本地电商平台也对接了重庆36个区县供销社，通过京津渝鲁联动、订单农业、网络销售专区等完成各类生鲜蔬果农产品上行509吨。

汇聚农产品上行的力量

——应用大数据提升中牟大蒜产销对接效率

张培奇　范亚旭

"中牟大蒜火了，2017年5天卖出100万斤；2018年，迅速'拼'光546名贫困户的700万斤鲜蒜；时下正值'五月丰收节'，中牟县刁家乡的鲜蒜再次通过电商大卖……"说起扶贫助农的成效，某电商平台首席数据分析师很是自豪。

统计数据显示，在过去三年间，在各电商平台上，中牟大蒜总共

卖了近 1 亿斤，大蒜位列河南省最受欢迎的十大农产品之首，鹌鹑蛋、腐竹、红薯、红薯粉、鸡蛋、鸭蛋、牛肉、花生、山药也成了消费者热捧的稀罕货，紧随大蒜其后。

农货中央处理系统：依产促销，稳定种植信息

"今年蒜价有点贵！"连续三年参加某电商平台扶贫助农计划的新农人张银杰，给出了他截至 2019 年 5 月 24 日在这家新电商平台上销售大蒜的总金额：410 万元人民币。2019 年中牟大蒜地头价从 2018 年一斤 0.8 元涨到了 1.5 元，与 2018 年参加该电商平台扶贫项目一样，他还是和平台联手，加价 0.15 元收购。"去年收的是扶贫蒜，今年能脱贫的脱贫、能致富就致富了。"张银杰说。

位于中牟县刁家乡的沃孙村是省定贫困村，全村耕地面积 3500 亩，村民的主要经济来源依靠传统农业种植和外出务工，主导产业以种植大蒜等为主。这里的 500 余户村民中有 90 户属于贫困户，在"精准扶贫一户一档"档案中记载，51 岁的村民孙大哥，家中有 6 亩耕地、5 口人，2018 年人均纯收入为 8220.85 元，其中两个女儿有先天性疾病、儿子还在上小学，一家生活靠他和妻子种大蒜和其他农作物来维持。

"今年大蒜价钱比去年好了很多，现在市价是 1.5 元一斤。"孙大哥高兴地说。加上溢价，算下来，他家的 4 亩大蒜能卖到 2.6 万元，这对他一家无疑是雪中送炭。

有专家分析，2018 年蒜价大跌，主要原因是 2016 年蒜价大涨后，蒜农种植和供应急剧增加，还有大资本在"囤积居奇"，加剧了市场波动。

"我们会根据'农货中央处理系统'里各农产区和'新农人'数据，

利用平台激励系统，鼓励商家平价大量出货，平抑市价。"某电商平台联合创始人介绍，农货中央处理系统包括由拼购与游戏模式、消费者组成的前端；农产区、农户与新农人、品牌、订单和激励系统相关的中端；以及物流、客服等组成的后端。

在平台稳定流量倾斜和现金补贴的激励机制下，商家也会主动调整供应行为。这种市场"需求稳定"状态的构建，也回传到了孙大哥这样的小农户那里，帮助他们减缓"蒜你惨"的冲击，稳定了种植预期和信心。

农产品往往是结构性过剩，电商平台对全国主要农产区、"新农人"都非常熟悉，需求端数据充分，客观上在承担一些市场调节功能，通过平台的资源和优势，让更多农产品的整体价格趋于正常和稳定。这大大缓解了由市场分割或市场信息匮乏导致的市场波动。一旦预期稳定，农民种植就会更有计划，利于分散小农户走出周期，增加抗风险能力。

汇聚同质需求：用户"拼单"实现农货批量上行

四川成都蒲江县"一起走吧"残疾人品牌商家杨添财和吴云，2018年不到三个月在某电商平台上销售了3500万元的水果，这两位身有残疾的"90后"，让蒲江电商产业园负责人叶艳"非常震惊"。两位年轻人的创业团队除了销售蒲江的红心猕猴桃、柑橘以外，还销售四川盐源、云南昭通、陕西礼泉等贫困地区的苹果。

而对于贫困地区的农民来说，农产品能在短暂的成熟期内在电商平台上顺利卖出就是消费扶贫。之所以中牟大蒜能卖出近1亿斤，云南文山的雪莲果与广西的百香果能在一线城市中形成消费热潮，很大程度上与该电商平台基于"人为先"理念创新的商业模式密切相关。

　　该电商平台创始人对此做过形象描述，他们平台摒弃了 PC 搜索购物年代的"物为先"，试图理解每个点击背后人的温度，通过人和人的连接和信任来汇聚同质需求，将长周期零散需求汇聚为短周期批量需求。

　　还有一种具有创新效应的汇聚需求的方式，则是通过一款线上公益游戏。该游戏 2018 年 5 月上线后，用户可以在虚拟果园中种下树苗，并以社交、互动方式育果。果实成熟后，用户将免费收到一份由平台寄出的扶贫水果，大多来自四川大凉山、新疆南疆地区等国家脱贫攻坚的重点地区。该平台每天送出的水果远超 100 万斤，消费者种下的每一株果树，都代表着贫困地区果农有望实现增收。

　　据了解，2018 年度，仅该平台一二线城市的消费者，累计农产品及农副产品订单数逾 9 亿笔，占据整体农货订单的 38.82%。上海地区多次出现同个小区通过"拼单"方式包下一片果园的盛况。该平台由此打造了一个农户直连小区的农产品高速上行系统。消费端的需求变革深度融入日常生活，也实现了可持续扶贫，带动了乡村振兴。

沉淀供应链数据：以销定产，科学配置生产要素

　　需求的变革，会撬动供给端的变革。"传统农产品供销没有足够数据支撑，去年销多少，今年应该种多少，农户最需要引导。"中牟县刁家乡相关负责人介绍，有计划地种植，收获时能以一个合理的价格卖出去，"现在该平台和张银杰就是在做这样的事情。"

　　"根据平台的历史销量数据，我能够预测每一季农产品的需求，消费端确定后，对生产端的指导性就会很强。"为参加平台"五月丰收节"紧张备货的张银杰告诉记者，"孙大哥收了大蒜，马上就可以种红薯，到时我们仍会溢价包下他家所有的红薯。"

中国社科院农村发展研究所党国英研究员认为，张银杰这样的"新农人"应该在借助新技术与电商的基础上，建立合作社，把农民组织起来，这能提高农民的生产要素效率，也能对农民赋能让利。

"把千家万户的生产信息和巨大的需求信息对接起来，降低交易成本，促进产品流通，各大平台型电商起了巨大作用，它们是最好的组织形态，超过了合作社。"中国农业大学教授李小云认为。

与新电商商业创新相伴的技术进步是另一个根本变量。随着5G的大规模推广和普及，供应链也将随着更快的数据流和信息交换而改变；无论是一棵果树，还是工厂原材料，供应链中不同部分的信息都可以被轻松掌握；大量数据被处理，也为创新的技术铺平了道路，农业是可以被真正改变的行业之一。

当前，河南也正由农业大省向农业强省转型。某电商平台的数据显示，河南农产品上行GMV（一段时间内的成交总额），2018年同比增速为247%，略高于平台233%的平均增速，2019年前5个月同比增速达262%。从县域来看，夏邑县、中牟县、柘城县排名前三。

着眼于国际形势来看，对一个平台型互联网企业来说，能依靠前沿技术和商业模式的创新，探索出一条符合中国农业特点的行之有效的"农产品上行"道路，也为中国的农业现代化贡献一份力量，其社会价值，要远大于其GMV价值。

"湘"土农产品上行不犯难

——湖南在全省51个贫困县持续开展"电商扶贫"专项行动

韩　啸

　　2014年，因为父亲的病情，蒋祥盛不得不结束在广州的打工生涯，回到位于湘西土家族苗族自治州龙山县的老家，开始打理家里的4亩百合地。

　　在普通人眼里，"湘西"是个神秘而浪漫的地方：这是《边城》里潺潺的流水，和回荡在丛林间的苗疆传说。可对当地不少农户来说，深山裹挟而来的贫穷，是湘西这片土地挥之不去的痛。

蒋祥盛在自家百合地中劳作

2014年，蒋祥盛家成为建档立卡户。在贫困户信息卡上，父亲蒋世成的健康状况写着"一级残疾"，家里还有年事已高的祖母和两个小女儿。全家人的生计落在了返乡的蒋祥盛身上。

在龙山，规模种植百合的历史可以追溯到1966年，当时县里的洗洛公社供销社从江苏宜兴引进了卷丹百合。由于江浙逐渐城镇化，百合种植面积反而连年减少，龙山逐渐成为中国最大的卷丹百合主产地之一。2018年3月，龙山百合成为国家地理标志保护产品。

为了脱贫，蒋祥盛的心思全投在了自家的4亩百合地里。

合作社带动，扶贫百合不愁销

"前期投入需要成本，种了也怕卖得不好。"对蒋祥盛这样的农户来说，最大的不确定性是销路。品质最好的百合鲜果，如果不能及时售出，就只能加工成便宜一点的百合干片进行销售。在销售干片时，由于不具备话语权，被客商压价的情况不时发生。也是2014年，在当地政府的指导下，专门从事百合加工、销售的佳湘源百合农民专业合作社，与一批和蒋祥盛一样的农户签订了合同，每年以相对稳定的价格收购各家种植的百合。有了稳定的收入，蒋祥盛家的经济情况逐渐好转。

此后，这种"合作社＋贫困户"的模式持续在龙山县普及，也有越来越多的农户与佳湘源百合农民专业合作社签订合同。据佳湘源负责人张勇介绍，2018年，在政府的支持和倡导下，合作社直接与4个当地行政村签订了合作协议，合同期也从原先的1年改为3年，覆盖348户建档立卡户。在此期间，合作社持续为农民提供免费技术指导与培训。

这一切成立的前提是合作社拥有稳定、持续增长的销售通路。佳湘源专业合作社的百合主要以批发的形式进行销售，签订了 4 张沉甸甸的合作协议后，为了保证能够持续以稳定的价格收购贫困户种植的百合，张勇需要寻找新的销售通路。

"拼"出上行路，百合产区变了样

在张勇看来，这新渠道出现得着实有点偶然。

2018 年，东方卫视推出了一档综艺节目。该节目以脱贫攻坚为主题，让明星走到贫困地区，呼吁更多人关注贫困农民。其中一期的节目来到了龙山县进行录制。张勇不仅记住了深夜挖百合的演员胡杏儿，还记住了这个节目的赞助商拼多多。

此后，张勇迅速注册了佳湘源的网上店铺，一方面是觉得这个平台能直达消费者，另一方面也是想圆了自己的"零售梦"。"我们有自己的工厂，背后是几百户的农民，普通零售需求出不了这么大的量。""批发没有品牌，很多人都在吃我们龙山产的百合，但是说起龙山，没有人知道。"张勇曾经试过在传统电商平台开店，但效果一般。

产地和工厂的优势让佳湘源在网上销售如鱼得水。第一年就卖出了近 500 万元的百合，店铺跻身类目前列；到了 2019 年，佳湘源保持了迅猛的增速，平台销售额接近 1000 万元，实现接近 100% 的增长。

火爆的销售传导到了上游的种植户，蒋祥盛家的百合逐渐增长到 10 亩，摘下了贫困的帽子，正式脱贫。

同时，佳湘源需要招募更多的人来打包日益增加的包裹，贫困户兰金凤就是其中之一。兰金凤家本身就是百合种植合作户，如今她光靠打包货物挣来的工资，每年就能为家里多带来 3 万多元的收入。

2020 年初新冠肺炎疫情来袭让不少消费者"宅"在了家里，却也滋生了"养生"经济，"佳湘源食品旗舰店"的业务又上台阶，店铺半年来售出超过 10 万件龙山百合干，收获 2.2 万余名粉丝关注。今年，张勇进一步加大了在电商平台的运营力度，还新开了两家店铺，希望抓住平台增长的红利期，提供更有差异化的产品。在佳湘源工厂的不远处，蒋祥盛也在家里盘算着，积累更多的本钱，继续扩大百合的种植面积，为两个女儿准备教育基金。

政策加把力，新电商助力"一县一品"

从 2016 年开始，湖南在全省 51 个贫困县全面开展"电商扶贫"专项行动，着重围绕"农产品进城"的痛点，推动县域农特产品的标准化、规模化、品牌化。在这样的背景下，湖南省娄底市新化县的"新化电商产业园"在 2018 年投入运营，为当地的电商创业者提供支持。

家住新化县白溪镇的"90 后"陈善良就是其中一位入驻者。当地人都知道，白溪水豆腐是传统名菜，特别是其干豆腐乳的做法，区别于常见油浸、汤浸，滋味丰富，深得湖南人喜爱。随着湖南省全面推进电商扶贫，打造网销"一县一品"品牌，"白溪豆腐"也作为"一县一品"的代表，渴望在新电商带来的机遇中寻求发展。

陈善良就是白溪水豆腐、白溪豆腐乳生产和销售的"资深"从业者。抱着试试看的心态入驻新化电商产业园后，他经历了从逐渐了解电商到自己开店运营的学习过程。2019 年 12 月，他的店铺正式上线运营，并迅速完成了"冷启动"，截至 2020 年 6 月已累计售出 2 万余单腐乳。

回顾过去 6 个多月，陈善良认为，在农货上行过程中，除了为电商从业者提供的专业指导和培训，更为关键的是电商平台的上手难度和推广成本，"在线运营店铺比较简单，容易上手"，"每个点击推广的费用，要比传统电商便宜一半多"。

创新业态，直播成农货上行"新基建"

除了"简单的运营"，陈善良也发现了新电商平台上腐乳销售新的增长引擎。6月3日，湖南省娄底市新化县人民政府县长左志锋走进某电商平台"芒果扶贫云超市"直播间，向平台消费者推荐新化扶贫产品，其中就包括"白溪腐乳"。在直播间，左县长大方地背起了新化家喻户晓的白溪豆腐广告词，"走遍天下府，白溪好豆腐"。而陈善良也开始招募自己的直播团队，准备在直播间大展拳脚。

今年2月，受到疫情影响，多地农产品销售受阻，各地市长、县长也纷纷成了本地农特产品的最佳代言人。在此过程中，某电商平台第一时间推出"市长来直播、农民多卖货"模式。此后，"市县长直播"成为农产品上行的常态。除了地方市县长，院士、明星、网络红人、高校师生等影响力人物、团体，也陆续来到直播间，为农产品直播代言，帮助农民卖货。

2020年是脱贫攻坚决胜之年，也是中国受到疫情影响、亟须消费复苏的一年。湖南再次加大电商扶贫力度，湖南省委宣传部、省委网信办、省商务厅、省扶贫办联合指导开展系列活动，以"直播带动消费扶贫"的方式助力贫困地区脱贫攻坚，加速消费复苏。

湖南卫视更是发挥品牌、流量、影响力优势，与某电商平台在农产品流通、数据、技术上的优势相结合，共同举办《出手吧兄弟！芒果扶贫云超市大直播》扶贫晚会及系列助农直播活动。在覆盖湖南10个贫困地区的同时，与超过15位国内一线明星、艺人、主持人合作，让明星的流量转化为扶贫产品的销量。

据组委会提供数据显示，整台晚会累计超过 1 亿人次观看，在完成既定任务"卖空 10 县 10 品"的基础上，额外卖空了其他 5 个县参与本次直播活动的农产品，也卖火了整个大湖南；联动帮扶全省 3.3 万户贫困家庭，200 多家农业合作社和农业企业，实现总带货金额达 1.02 亿元。

秭归脐橙搭上电商更好卖

乐明凯

湖北省宜昌市秭归县是三峡移民大县，1997年，为了支持三峡工程建设，即将搬迁的秭归县屈原镇链子岩村39岁村民向永兴面临一个选择：他培育五年的脐橙树刚刚挂果，如不及时移走，五年的努力将付之东流。

自向永兴记事起，村里家家户户都种柑橘，树如家人，连着故土的根。向永兴舍不得辛苦种下的脐橙树，在相距5公里山路的旧居与新家之间，用板车拖，用肩扛，来来回回折返300多趟把树移走，细细一算，竟有3000公里。

全村人都在移树。链子岩村支书杨涛回忆，当时，链子岩村移种的脐橙树超过1万棵。相关数据显示，整个秭归县移了超过5万棵脐橙。

如今，在秭归屈原镇、郭家坝、水田坝等脐橙主产地，当年向永兴等农民一车车、一筐筐移栽来的脐橙，经过20多年繁衍和发展新品种，面积已超过40万亩，荫泽子孙后代。

向永兴迁往的新链子岩村，依旧紧依长江，重峦叠嶂，能种的作物很少，日子一如过往。

2010年，一场大火烧掉了向永兴的家。老向仰天沉默。两个儿子把他夫妇接到宜昌城区，建议把家里的脐橙田卖掉得了，"家都没了，还要脐橙树干什么？"

向永兴暂时留在了宜昌城，但卖树绝对不行，"那是种子，家的种子"。

从宜昌城区到链子岩村，3个小时车程：先坐大巴到镇上，再换小面的回村。再远再周折，向永兴时不时总要上山，去看他的脐橙树。

随着国家对农村脱贫的支持力度加大，村里的路修通了；县里也以各种方式，打响秭归脐橙品牌。

秭归脐橙名声在外，吸引了众多电商企业进驻。

虽然为这些知名电商供货，可以让脐橙的收购价格更高，但收购标准很严，对农药残留等，样样都要检测。

有村民说，向永兴走了运，在宜昌没空回来打药，反而橙子卖得好。

向永兴说，不是没空回来打药，即便在家，也极少打药。他把树当成孩子。"脐橙树和人一样，你对它好，它早晚会还你的好。"这是人和树一辈子的情感。

向永兴（左）把一车车脐橙送出大山

　　如今，在宜昌秭归等地，专职种脐橙的新型职业农民，过得不比城里人差。卖橙子赚了钱，向永兴买了一部智能手机。有关橙子的新闻，他都看，看了就给家人转发，"你们看，我们的橙子成了香饽饽"。

　　向永兴还专门去了一趟水田坝乡，去看"别人是怎么对橙子树好的"。

　　在水田坝乡，有电商还建了一个"数字农场"：浇水施肥全自动，果园要在海拔300米以下，必须是向阳坡；每颗果子附近有50到55片叶子，一颗脐橙要经过130多道标准检验。

　　向永兴羡慕：自己的橙子若有这待遇，他用手机遥控管理，随时能看见它们，多好。

农货上行渠道建设加快正当时

——大型电商发挥优势加速平台下沉

余向东　韩　啸

"送给我夫人，既是好礼物，又能助农。"云南泸西县县长莫伟在电商平台直播卖花时，顺手以26.9元的"秒杀价"下单，为家人购买了18枝当地特产非洲菊。

受新冠肺炎疫情的影响，泸西县往年不愁卖的鲜花今年成了滞销货，有的甚至被农民拿去喂羊。莫伟心里着急："泸西鲜花是农民血汗，关系到多少个家庭的生计。"这位1969年出生的县长以前并不太熟悉直播，在向自己"00后"的儿子"讨教"后才成功化身主播。

一边是疫情防控和复工复产的有序进行，一边是5G、物联网、人工智能、产业互联网等新基础设施建设的加快推进，不少互联网平台积极布局"三农""新基建"，以直播带货为代表的新业态纷纷涌现，不觉间缩小了城乡间的数字鸿沟。

国务院发展研究中心市场经济研究所副所长王青认为："传统基建更多聚焦城市，对县乡村投资力度相对较小，特别是通信、商业、配送等建设相对滞后，农业农村信息化'最后一公里'问题突出存在。"

在应对新冠肺炎疫情带来的农产品滞销难题中，像莫伟这样的"主播"县（市）长涌现出不少；"转危为机"的过程中，电商平台提供的创新业态让信息化进村的"最后一公里"变得没那么坎坷了。

鲜花滞销：凸显农货上行短板

泸西县位于云南省东南部，"冬无严寒、夏无酷暑"，是片特别适合花卉种养的乐土。今年受疫情影响，流通渠道仍在逐渐恢复中，泸西鲜花急需拓展新的销路。

距离泸西3小时车程的昆明晋宁区也面临同样的问题。2019年，晋宁区花卉园艺种植面积近6万亩，年产鲜切花40亿枝。

为了不让花农的辛苦白费，泸西县县长莫伟和晋宁区区长徐波，2020年3月8日相继出现在某电商平台"抗疫助农"专区，分别直播销售各自的主打产品——非洲菊和玫瑰。徐波带来了3元一枝的玫瑰引爆了弹幕。"全国每10枝玫瑰鲜切花中，就有7枝来自云南；云南的10枝玫瑰鲜切花里又有7枝来自晋宁。"伴随着徐波热情洋溢的介绍，全国各地的订单纷至沓来。

疫情暴发初期，不少产区的农产品生产和流通体系陷入停摆，源头采摘因劳动力受限而停滞，收货商进村收购因农贸市场关闭而终止，农产品的跨地区、中长距离运输也因防控需求而暂停，大量线下的生产供给希望借助电商渠道进行消化。

这次疫情提醒人们：到了加快推进农货上行线上渠道发展的时候了，尽快全面打通"最初一公里"到"最后一公里"的多元、立体通道。显然，在这个过程中大型电商拥有的技术优势、平台优势应该发挥更大的作用。

直播助农：深挖供应链创新潜力

在直播间的观看人数超过30万之后，江西寻乌县农民黄洪林终于移开了紧盯电商后台的目光。最终，店铺直播全天累计观看人数达到130万人次，店铺净增关注10万人次，不仅主打的3万斤百香果销售一空，店铺里的赣南脐橙也卖出2万余斤。

这一切源自3月4日晚8点，江西寻乌县县长杨永飞走进电商平台和央视新闻直播间，给黄洪林的店铺当起了"临时主播"，为寻乌百香果代言。

黄洪林所在的合作社由100多户农民家庭组成，很多都是中老年人。之前主要种植赣南脐橙和百香果，两者共计种植近2000亩。疫情之下，传统经销商的卡车一直没有来，合作社的水果没了销路。

2月14日，眼看全村百香果滞销，1989年出生的黄洪林作为村里年纪最小的"果农"，在当地商务局的介绍下，在某电商平台的"农货滞销反馈入口"上报了名。

两天后，该平台助农小组联系上了黄洪林，从发货、客服到店铺美工开始手把手指导，2月20日，黄洪林开设的店铺成功登上助农专

中国工程院院士朱有勇（左）来到云南澜沧拉祜族自治县竹塘乡云山村，为当地冬季马铃薯直播代言

区，共计售出了近 20 万斤水果。

截至 4 月 3 日，该平台"抗疫助农"专区已累计交易滞销农产品
4200 万单，总计超过 3.25 亿斤，帮扶超过 8.2 万户农户。

电商平台的本分是通过不断的技术和产品创新，来创造一个高
效、智能的供需对接平台；在消费端以"多实惠、多乐趣"的方式满足
消费者，提升供给端尤其是中西部的供应链，包括开拓产品、品牌、
市场能力。

人才培育：填平城乡数字鸿沟

"像黄洪林这样受益而转型为'新农人'的农民，我接触了很多。
他们生产生活的改变是巨大的。"某电商平台的讲师桑麻表示，给每个
县的农民或商户上课，都能发现"好苗子"，"只要有机会去教他互联
网平台经营的渠道和方法，就总有人可以做得很好，连他们自己都不
知道，原来那些什么 5G、大数据、物联网，他们都可以参与，并可以
由此改变自己的生活"。

"我们特别想亲手把自己家的苹果直接卖给消费者，不想眼巴巴地
等着别人上果园来收，少点中间周转，能卖出好价格。"4 月 13 日下午，
在新疆阿克苏阿拉尔市沙河镇，三四十位当地果农听完讲师的电商开
店分享，纷纷表达类似的心声。

2 月 26 日首个"抗疫助农"公开课上线，山东寿光的 2200 多家涉
农企业代表参加了培训。3 月 13 日，地处边疆的云南省勐海县 598 名
商家参加电商培训，多个民族的"新农人"代表，开始分享电商直播
的红利。

目前多个电商平台与地方、商会、农村合作社以及专业培训机构
进行合作，培养农村经纪人、合伙人和带头人，让平台经济更好地下

沉到农村，建立起良好的分工合作机制。通过示范效应，或者通过一对多的接口，让广大农民拥有参与新经济和新模式的通道和条件。

据了解，各大电商平台还将继续加大贫困地区电商扶贫投入，通过视频授课培养新型电商人才，在各地扶持农民开设和运营自己的网店，开通特色农产品入驻平台绿色通道，建立农货直播基地，并把产品和零售平台精准匹配，推动商品和物流及时配送。

王青认为，中国仍然有部分人缺乏数字能力，本质上是数字鸿沟的问题。如何解决？既要扩大基础设施的覆盖范围和应用深度，也要解决数字服务均等化、平等化的问题，并促进实体经济和互联网经济的融合，促进生产、流通和消费各环节的互动互促，增强包容性和普惠性。"比如现在农村有很多电商服务点或经纪人，就是为了促进电商服务的多元化、多层次、多渠道，让更多的农民可以参与进来，共享新经济带来的便利。"

"拼出来"的红河致富版图

——政府、电商、"新农人"合力构建脱贫助农新机制

余向东　　胡明宝

"今年收的土豆已全部被包下了，现在要赶快把土豆挖出来运走，孩子下一年的学费和生活费就有着落了。"正在地里干活的刘大姐一边挥着锄头一边对记者说。

前些时间，对刘大姐来说既幸福又艰难。幸福是因为儿子 2018 年 9 月份刚考上重点大学，痛苦是因为维持全家生计的土豆卖不出去，供孩子读书的费用都成了难题。

刘大姐是云南省红河哈尼族彝族自治州（以下简称"红河州"）的普通农民，她和同乡们种的土豆，正通过新电商平台打造的"云南丰收节"卖向全国，上线不久即冲破 10 万斤销量。

边玩边买：线上游戏加速云南农产品上行

继秭归赣南等地的"脐橙丰收节"与海南的"芒果丰收节"后，某电商平台农货小组与扶贫小组联手深入云南走访调研，最终锁定了红河州三大标志性农产品——小土豆、蜜香菠萝和水果玉米，作为下一阶段的扶贫载体。

河口县是中国最靠近越南的边陲小城之一，也是典型的农业县，全县经济主要靠种植菠萝、香蕉、芒果等农作物支撑。这里出产的菠

萝肉色金黄，香味浓郁，河口县被认定为菠萝的理想种植地。

但在河口县老范寨乡，当地农民却几乎还过着与世隔绝的生活，人均1.3亩山地，有的农户年收入不到2000元。老范寨乡小牛场村刚刚退出建档立卡户行列的盘国良告诉记者，菠萝从种植到收获需要长达一年半的时间，如果滞销，就意味着一年多的辛苦全部白费，"这几乎是我们全部的经济来源"。

交通不便，严重影响了小牛场村菠萝的销售。农民得先用马从田间地头把菠萝运到公路上。从河口县城到小牛场村的菠萝收购点仅10公里，记者坐的车却走了1小时。公路蜿蜒狭窄，运输菠萝的卡车和小轿车交汇时要停下来慢慢错位。

距离河口县不远的屏边县气候湿润、日照长、土壤肥沃，被称为"北回归线上的绿色明珠"，而位于红河上游南岸的红河县与上述两个县的气候环境非常类似，均是种植农作物的绝佳区域。

此次当地商家推出的小土豆皮薄易削，软糯细腻，每年3—4月份采挖的土豆品质最佳。目前当地主要的青壮劳力都外出打工，留守村子的多为空巢老人。随着气温升高，小土豆如不能及时销售，就会发芽、变软、变坏，几个月的辛苦将全部归零。

而相比普通玉米，水果玉米水嫩又甘甜，村民常从玉米秆上直接掰下来当水果吃，是当地主要经济来源。但由于当地面临资源缺乏、基础设施薄弱的窘境，这里的玉米收购价往往比其他地区每斤便宜0.2—0.3元。

针对这三个县农户的切身需求，平台开启了"扶贫日"这一"绿色通道"，联合当地"新农人"上门溢价收购，确保产销对接。2019年4月7日，"云南丰收节"上线不久，仅小土豆就售出逾10万斤。

精准扶贫：政府、电商、"新农人"三方合力

"现在红河州物产丰富，但是受制于品牌化程度低，物流运输不便等因素，销售始终不顺畅。即便销售出去，又有中间商拿走了大部分利润，导致产品本身并不贵，但到了消费者桌上却价格不菲。"红河州商务局相关负责人直言红河州目前农产品上行的痛点，"要想解决这些问题，给农民增收，就要大型电商平台、政府以及'新农人'一起发力。"

该负责人透露，州政府正在拟定红河州电商行动计划："接下来，我们要深入开展电商消费扶贫，围绕赋能贫困主体、赋能产业来做，把电商对接到贫困地区。"

来自红河州的老李是电商平台上的一个"新农人"代表，他表示："我们的原则就是优先向建档立卡户收购，三年来，已累计帮助超过1000户建档立卡贫困户，其中大部分都是多次采购。"此次，他负责水

通过电商平台把水果玉米顺利卖出去，云南红河州的苗族大姐喜上眉梢

果玉米和小土豆的销售。

"日发货量非常大，工人干得多收入就多，现在有好几个人已经摘掉了建档立卡户的'帽子'。"一位红河当地的"新农人"在 2017 年开始进驻电商平台销售菠萝。"当时销售雪莲果，没想到流量这么大，物流体系有点跟不上，后来和两个快递公司合作，专门为电商平台发货开辟绿色通道，才有所缓解，现在平均每天能发 1 万单左右。"

该商家坦言，是电商平台教会她真正助农。"以前就是按需收水果，现在我们才特意关照到建档立卡户。扶贫意义重大，每次都会优先收购他们的水果。"

这次在河口县做菠萝上行也是如此。盘国良欣喜地告诉记者，自家菠萝前些天已被他们全部预定。"我种植了 4 万多株。父母年纪大了，种了 1 万多株。"盘国良说，自己父母还是建档立卡户。他给记者算了一笔账，"他们先给了保底价，保障菠萝肯定能卖出去，采摘当天再按照市场最高价来收"，照现在的收货价格，他和妻子一年收入约 3 万元，他父母年收入则在 1 万元左右。

平台有关负责人告诉记者，"每月看似简单的三天'丰收节'，贯穿了包括扶贫调研、商业发展、产品开发、算法优化、大促运营等多个业务环节，能够在短短两周内快速上线，得益于扶贫工作的一个独特模式，即'专业人带着公益心做专业事'"。

赋能上游："以销促产"推动农业品牌化进程

这次"云南丰收节"，除菠萝、小土豆和水果玉米之外，还集中推出了"大理独头蒜""红河黑葡萄""老班章普洱茶""文山三七粉"等多种云南美味农产品。而诸如蒙自小黄姜、石榴、丘北雪莲果、漾濞核桃等云南农产品，都是网上销售上的热门产品。

当地政府正在更积极地思考如何借力:"除了降低损耗,节约物流成本,我们现在最重要的就是打造红河州的特色农产品,把品质提上去了再谈打造品牌。"红河州商务局负责人说。

在 2019 年 3 月初发布的扶贫助农年报显示,2018 年,拼多多平台累计诞生 13 款销售"百万 +"的冠军单品,孵化出了一批带有地理标志的新农货品牌。在销量过百万的"冠军农货"中,云南的雪莲果、小黄姜等名列前茅。

云南贫困地区是上海结对帮扶的重点地区,作为在上海创办的互联网企业,拼多多也有更大责任把云南作为自己扶贫助农的重点,已在逐渐深入云南农产品的选品、种植和加工环节,更多地赋能上游。未来,随着 AI、5G 与物联网的应用,还将倾注更多资源在云南。

把种植点连成线 把贫困户"合"起来

——江西安远县打造电商扶贫农产品供应链体系

王 剑

"最高能卖四块多，电商平台保底两块五一斤。"在江西省安远县凤山乡东河村紫山药基地，通过种植紫山药脱贫致富的高金燕开心地说，自己 2019 年种了 6 亩紫山药，目前已进入采收季，又是一个丰收年。

近年来，赣粤边陲小城安远县把发展电子商务作为产业转型和脱贫攻坚的战略性新兴产业，立足资源禀赋和产业优势，成功走出了一条"互联网+"的造血式扶贫新路。截至 2018 年底，该县电商交易额突破 18 亿元，快递单量突破 1500 万单。紫山药、红蜜薯、百香果等"短平快"的网红农产品热销全国。

安远县电子商务办公室负责人告诉笔者，该县围绕打造电商扶贫农产品供应链体系这一主线，推进线上与线下融合，电商与产业发展、脱贫攻坚融合"两大融合"；建立县级组建电商扶贫合作联社、乡（镇）组建电商扶贫合作总社、村（居）组建电商扶贫产业合作社"三级联动方式"；实现"电商企业+电商扶贫合作社+电商扶贫基地+贫困户""四位一体"发展，成功走出了一条"互联网+"的造血式扶贫新路。该县荣获全国电子商务进农村综合示范县、江西县域电商十大领军县等荣誉。

据介绍，安远县将电商扶贫纳入全县"十大扶贫工程"，引导金融机构设立 2000 万元的"电商贷"，县财政每年安排电商扶贫专项发展资金 400 万元，用于支持电商扶贫产业规划、财税金融、人才引进等，并推出产业基地补助、快递补贴、贷款贴息等一系列电商扶持政策。

该县积极开展电商扶贫示范创建活动，精心组织电商扶贫节、电商扶贫产品全网推介会等系列节会活动，实现订单包销贫困户农产品 5779 万斤，包销金额达 1.82 亿元，特色农业因电商兴起来、贫困户因电商富起来、农村因电商活起来。

据了解，安远县投资 20 亿元建设占地 486 亩的安远县农产品电商产业园，集办公、住宿、仓储、物流、冷链、农产品展示为一体，招引各类电商企业、服务平台入园办公，形成创新创业的集聚地。县级组建电商扶贫合作联社和农民专业合作社联合社，每个乡（镇）组建合作总社，每个贫困村组建电商扶贫专业合作社，形成三级联动体系。

目前，当地已建成顺丰、中通、圆通、申通等农产品快递分拨中心，开通城市直发专线 26 条；自上而下建设了 1 个县级仓储配送中心、18 个乡级物流服务站及 167 个村级物流服务点；发展县、乡、村三级"同城配送系统"，打通了电商进村的"最后一公里"，有效解决了电商物流成本高、配送时效慢等问题。

近年来，安远县共发展电商扶贫产业基地 1.3 万余亩，不仅提升了电商产品供应能力，还带动了 3400 余户贫困户实现户均增收 3000 元以上。同时，强化电商扶贫合作组织建设，建成县、乡、村三级电商扶贫合作社 55 个，将分散的资金、劳力、场地、技术、管理等进行优化组合，实现种植示范点连接成线、规模成片，拓宽了电商农产品供应链。

当地打破传统农户家庭小散生产模式和"提篮叫卖"方式，由过去的"生产什么卖什么、生产多少卖多少"模式向"消费者需要什么就生产什么、消费者需要多少就生产多少"的精准化模式转变，引导贫困户深入挖掘特色农产品的卖点，依托覆盖全县乡村的电商基础设施，通过在电商平台自主销售或电商扶贫合作社上门收购等方式，把电商农产品销往全国各地。

针对贫困群众"单打独斗"发展电商产业规模产量小、应对风险能力差等实际情况，积极引导贫困群众通过土地入股、劳动力入股、资金入股等"抱团取暖"的模式，与电商企业、电商扶贫合作社形成利益联结体。

安远县将打造优质品牌作为推动电商扶贫长效化发展的"生命线"，建设本地农产品追溯和质量认证体系，并通过条形码或二维码溯源，完成产品从田头到发货完整原始数据，倒逼贫困户进行产品提质升级，大力生产绿色安全、附加值高的有机农产品。

与此同时，安远县将生态资源和浓郁的客家风情进行有机整合，倾力打造了九龙山贡茶、原味香菇、三鲜粉等 60 多个独具特色的"三百山"系列电商品牌，有效提升了农产品的品牌价值和市场竞争力，为增加贫困户收入提供了有效保障。

"电商改变了我们家的命运，种下的东西不愁卖，只要勤劳就能致富。"高金燕告诉笔者，对未来充满希望，致富的路子会越走越宽。

鄂尔多斯：杏白果线上飘红

杨瑞雪

2019年4月中旬，内蒙古鄂尔多斯的天空湛蓝如洗，万亩杏林花开如海，很难将眼前杏花烂漫的塞北与曾经严重的荒漠化联系起来。近些年来，鄂尔多斯人坚持治沙造林，沙退绿进，染绿黄沙，让一片片荒漠变成绿洲。

搞绿色不是单纯的种树，发展绿色产业不意味着要牺牲农民的利益，鄂尔多斯坚持把荒漠化防治和农民增收结合起来，把生态建设与产业扶贫结合起来，栽种的山杏、沙棘等树种，不但是防风固沙的先锋树种，更是农民致富的"好帮手"。通过林沙、林果产业的发展，带动当地农牧民走上一条生态与生计兼顾，治沙与致富共赢的新路子。

准格尔旗沙圪堵镇特拉沟门村的郝二邦是村里的建档立卡贫困户，他和妻子因病致贫，失去了重体力劳动能力，被列为建档立卡贫困户。除了享受政府的帮扶政策外，没想到内蒙古高原杏仁露有限公司还与他签订了帮扶合同，租种他们的地，并将他们雇为杏树基地的产业工人，专门派专家指导剪枝等技术，最后再收购他们的杏核、杏干。

林果产业一直是准格尔旗的传统产业，准格尔旗也经常被称为山杏之乡、海红果之乡。据内蒙古高原杏仁露有限公司董事长刘战先介绍，作为自治区农牧业产业化重点龙头企业，目前已发展到85万亩杏林基地，采用"公司＋基地＋农户"的模式，使山杏基地成为公司的第一车间、合同农户成为公司的产业工人，结成风险共担、利益均沾的共同体，给农民开拓了一条增收的渠道。

不仅如此，准格尔旗主动对接高原杏仁露有限公司、农乡丰工贸公司、泰丰农业公司等 6 家企业，以订单的方式帮助贫困户销售农畜产品，带动贫困户发展林果、小杂粮、果蔬、养殖等产业，目前像郝二邦这样通过订单合同联结起来的贫困户共有 800 余户。

如何更好地发展绿色生态经济，增加农民收入？ 4 月 13 日，由中共准格尔旗委员会、准格尔旗人民政府、鄂尔多斯市高新区管委会主办，京东云承办的"鄂尔多斯绿色生态经济暨林果产业高质量发展高峰论坛"在准格尔经济开发区举行，知名专家学者、企业家等集思广益，为鄂尔多斯林果产业发展开方子、找路子。

农业领域的相关专家认为，农民产的产品一般经济效益比较低，因此要开辟增收的新渠道，发展多种功能，走一二三产业融合发展的路子，提升产业链、提升价值链、完善利益链，把政府利益、企业利益、农民利益有机结合起来，让农民共享全产业链的增值收益。

"加强产业扶贫载体和平台建设。现代产业竞争越来越是产业链、产业组织竞争，所以增强产业发展的载体和平台越来越重要。"中国宏观经济研究院产业经济与技术经济研究所副所长、研究员姜长云认为，要引导城市的企业辐射带动乡村，包括吸引城市人才下乡支持乡村振兴。

但最大的难点还是集中在销售环节。"过去海红果也不值钱，只有0.3—0.7 元，现在我们把海红果这个季节性产品通过加工成酒，单价已经提高到了 1.3 元左右，带动了农民的致富。"内蒙古蒙特农牧业发展有限公司董事长任振平介绍，下一步如果能解决产品的销售问题，收购农民海红果的价格会在现有的基础上提升 1—2 倍。

"对于销售来说，京东有很强的平台优势，线上有针对扶贫类的扶贫馆，针对地方特产的地方特产馆，这些现象产品实际上都是为本地的企业做引流。"作为京东集团技术、资源、服务对外赋能的窗口，京东云以"互联网＋"创新模式践行国家扶贫战略，充分利用电商平台的营销能力，打通了农企互联，京东云华北大区负责人表示，2017年京东云已与鄂尔多斯市政府展开合作，并开展了一系列电商人才赋能计划，促进并拓宽农产品线上销售渠道，助力鄂尔多斯乡村振兴，实现产业脱贫。

但如何建立地方区域性品牌？这是留给京东和地方共同的课题。戢凡峰说："京东平台实际上是一个品牌的平台。需要政府先行，通过制定相应的政策或规则，保证地方品牌的质量，形成一种区域性的效应，最终把它打造成线上的区域品牌，让好产品更好地走出去，形成一道线上的北方亮丽风景线！"

秭归山里货"充电"走出十八弯

韩 啸

"从前年开始，橙子还在树上就有人上门来收，每斤收购价比往年能贵两三毛钱，后来听说我们村的橙子都在网上卖掉了。"湖北省秭归县楚王井村的果农王国锐开心地说。

从 2018 年 11 月下旬开始，43 岁的王国锐比过去每一天都忙。他要将自家的脐橙一筐一筐采摘下来，交给电商平台的买手，换回可观的收入。

自家的橙子卖出这么好的价钱，王国锐三年前根本不敢想。在多个电商平台深入秭归山村之后，各种规格、各类品质的脐橙不仅销量不愁，价格也逐步看涨，橙农每年的收入成倍增长。

曾经的困境：县委书记进京卖橙

湖北秭归因屈原故里而闻名，柑橘业一直是秭归的支柱产业之一，据秭归农业农村局提供的数据，2017 年当地脐橙种植规模达 28.8 万亩，年产量为 38.3 万吨，从业人员近 18 万人。通过多品种套种，秭归也成为全国唯一一个全年有鲜橙供应的产区。

尽管有如此发达的柑橘产业，受限于山高水长、交通不便、基础设施欠缺等，地处长江西陵峡畔的秭归一直是国家扶贫开发工作重点县。2000 年前后，全国数个平原丘陵地区脐橙崛起，秭归脐橙遭受严峻的市场竞争，最低谷时只能卖到两三角钱一斤。2008 年，时任秭归县委书记的罗平烺千里迢迢去北京新发地农贸市场叫卖橙子一度成为新闻热点。

从 17 岁就开始种橙子的王国锐从未离开过楚王井村，经历了秭归橙农最贫困艰难的十几年。"山高路远没人进来收橙子，我只能自己慢慢背出去卖。"王国锐回忆道。2008 年以前，当时种的"普橙"卖得最好的价钱也不过 0.3 元一斤，而且还是自己一路从山上背到宜昌三峡大坝景区前叫卖的零售价。

2008 年的持续灾害性大雪，让秭归"普橙"产量大减，无人问津，纷纷挂死在枝头，橙农血本无归。自此，这座峡江里的美丽县城全面启动"品改"，逐步引入纽荷尔、九月红、中华红，以及后来的伦晚等多个品种，大幅提升品质，以求帮助农民脱贫。

可是，险峭的大江高峡依然横亘在秭归脐橙与广阔市场之间，阻碍了橙子"身价"的上涨——直至 2014 年之前，均价也只在每斤 0.58 元上下。

"走路、坐船、租车，一天最多卖个百把斤。"王国锐说，那一年他家两亩地的橙子，最后卖了 2000 元。

没有农批采购，没有商超买手，更没有电商平台，果农们只能守着满山的橙子等贩子上门贱卖，或者自己背橙跋涉万水千山去卖。这其实是当年所有脐橙产业带贫困地区农民共同面临的困境。

"拼"模式：农货上行的解决之道

一切的改变，从电商入村开始。2015 年，拼多多开始组织平台上的水果类电商进入深山找好货，以"拼好货"的模式搜集农业全领域的信息，从深山老林之中、河谷险滩之间挖掘藏而未识的优质农产品，把它们带进市场，帮助农户脱贫，也帮助消费者寻味。

王国锐这两年把家里其他人的橙园揽过来种，8 亩地一年总共能收约 7 万斤橙子，包括了各类品种。这些橙子里，2017 年的伦晚最高卖到 9.3 元一斤，最便宜的"纽荷尔"也能卖到 3 元以上，一年算下来的纯收入超过 8 万元，是 2015 年时的五六倍。

来自秭归县农业局的统计显示，该县 2017 年的脐橙种植面积为 28.8 万亩，年产脐橙 38.3 万吨，全部售罄，为全县橙农带来的收入超过 15 亿元。其中，秭归脐橙通过电商渠道实现的销售额达到 10 亿元以上，占全部销售额的一半以上。

"大流量电商平台进村以后，几乎所有规格的橙子都不愁销路。"拼多多商家誉福园驻扎在楚王井村的买手谭虎程告诉记者，每一天的采购量都非常稳定，旺季时令里的增量更大。

谭虎程曾经做过商超买手，对电商模式的优势感受颇深："平台上的走量非常快，需求覆盖各个品种，橙子只要品质过关就照单全收。"从 2017 年 11 月底开始，谭虎程给出的收购价越来越高，同时保持比其他电商的采购价更高。

王国锐回忆说，2017 年冬天遭遇雪灾时，村里的橙子每斤只能卖1.3 元，但是拼多多商家就以 1.5 元收了；2018 年 10 月底，"九月红"刚上市时的普遍收购价是 2.5 元一斤，誉福园给出了 2.8 元，不仅保证所有橙子能卖了换钱，还能换回比别处更多的钱。

"山上送来的橙子立马进行洗果包装，最快当晚就能发货。"在位于宜都市红花套镇的誉福天下柑橘专业合作社里，物流负责人王慧告诉记者，"按照拼多多平台订单的不同地域，消费者下单后最快三天，最晚五天就能吃到最新鲜的秭归脐橙。"

与王慧直线合作的谭虎程介绍，平台的日常订单流量就很大，脐橙销售旺季里走量更快："真正是摘了就送，一波接一波。"谭虎程说，脐橙从来不进冷库，必须即采即送才能满足流量需求。

誉福园老板朱道鹏称，公司在电商平台上的投入收益比达到了 1比 5，这让他更放心地提高脐橙的采购量和收购价，帮助更多农户脱贫："橙子卖得出量也卖得出价，对农户和商户来说是双赢。"

据悉，秭归县与拼多多已签订战略合作协议，双方将在产地品牌化、农货供应链改造上进一步深入合作，全面提升柑橘产业的效益。

电商助农抗疫情　拓宽苹果新销路

胡明宝

"我们白水是公认的世界苹果最佳优生区之一，素有中国苹果之乡的美誉。苹果系列产品远销东南亚、欧盟、南美洲多个国家和地区，白水苹果品牌价值连续十多年进入全国前十。"2020年3月23日，陕西省白水县电商助农销售活动正式启动，白水县副县长秦奉举通过网络推介白水苹果。

目前，白水苹果总面积55万亩，年产量55万吨左右。每年农历正月初一到十五是白水苹果销售黄金期，但今年受新冠肺炎疫情影响，几乎没有出货，导致白水苹果积压严重，库存量达到20万吨，其中富士苹果12万吨左右，其他品种7万吨左右，果农待售苹果超过1万吨，全县果品的销售压力非常大。

"电商＋直播"，首场助销活动卖出100吨苹果

"2月9日，我们协调让涉果企业优先复工，出台相关措施，助力苹果销售，已销售苹果5万多吨，库里还有14万吨左右。"白水县苹果产业发展中心主任赵建信说，白水县政府通过减免贷款利息、多平台发布销售信息、出台一些补贴政策等方式促进果农和企业果品销售，共克时艰。

"我们还积极向省农业农村厅求助，争取全国各大电商平台的支持。"赵建信说，经过陕西省农业农村厅的协调，由陕西省果业中心等

单位和西部网共同主办的"战疫情 保供应 促增收"助农销售系列活动决定启动助力白水苹果销售计划。

"5万、8万、12万、21万。"看着直播页面上不断增长的观看人数和网友为白水苹果点赞的留言,秦奉举热情地向网友们推销:"我们白水苹果,皮薄肉脆,汁多渣少,脆甜可口,大家下单不会有错,快来买买买。"

一边是热火朝天的直播,一边西域美农在陕西的600多个社群团购平台也同步开卖白水苹果。社群的分销成员纷纷将白水苹果销售的链接转发到朋友圈,掀起助销白水苹果、助力白水果农的热潮。

西域美农生鲜供应链总监魏啸宇介绍,持续两个多小时的直播吸引了21.59万名网友参与互动,点赞超过4万人次,与"乡村胡子哥"直播连麦超过10万人观看,共下单购买苹果10369件,销售苹果超过100吨。

优先帮果农,电商助农增强产业信心

白水县城关街道新庄村7组果农赵中信种植苹果十几年了,2019年他家12亩苹果园丰收,产果5万多斤,今年受疫情影响,春节到现在很少有客商来收购,他们自己又没有其他的销售渠道,果库里还存了3万多斤没有卖出去。

记者来到赵中信家,他正在用手机观看秦奉举在电商平台卖苹果。他说:"县长说得很好,县长这一播,全国人民都知道白水苹果了,好得很!"

赵中信告诉记者,他把苹果存在果库一斤存储费是两毛五分钱,另外还有分拣、转运、包装等成本,一斤下来至少也要四五毛钱,随着天气越来越暖和,如果再不销售,今年可能就挣不上什么钱。看到政府和电商平台都在积极地帮他们卖苹果,感觉心里稳了很多,对今年苹果产业发展更有信心，也希望疫情赶紧过去，销售秩序恢复正常。

"本次电商助农销售，我们将全部采购当地果农的自存苹果，优先采购贫困村、贫困户苹果，确保贫困户收入不降低、不返贫。"白水链农社供应链管理有限公司总经理刘耀锋说，他们最近一直在采购果农的苹果，已经采购了1万多斤，赵中信家的3万斤苹果他们会包销。

平台西北区市场公关部整合营销负责人表示，下一步会继续整合资源，联合有关政府部门、媒体共同策划助销活动，帮助白水县果业企业和果农搞好苹果销售，带动陕西特色农产品销往全国，为打赢脱贫攻坚战贡献力量。

聚合电商资源，拓宽陕西特色农产品销路

2020年2月中旬以来，为了进一步拓宽陕西农产品销路，特别是果品销售渠道，在陕西省农业农村厅的指导和支持下，陕西省果业中心等单位联合西部网共同发起了为期3个月的"战疫情　保供应　促增收"助农销售系列活动。

截至4月初，已经在陕西各地开展了50多场助农销售活动，20多位县委书记、县长、农业农村局局长、果业中心主任等党员干部走进直播间，宣传推介当地特色农产品，受到了网友点赞和媒体关注，进一步拓宽了陕西农产品销路。

据不完全统计，从2月下旬至4月初，近40天时间，各大媒体平台发布农产品销售信息超过3000条，各类电商平台共销售陕西农产品超过100万吨，延安苹果、马栏红苹果、周至猕猴桃、商洛板栗、汉中仙毫茶叶等农产品也从销售困难逐渐变得顺畅，有力促进了农民增收。

凝汇电商、物流、金融多方力量
——广西贵港打造"农货上行"生态链

王 澎

贵港市位于广西壮族自治区东南部，是大西南出海通道的重要门户。这里地势平坦，物产丰饶，是自治区重要的粮食、蔗糖、林果、禽畜、水产基地，石硖龙眼、荔枝、桂皮、蜜枣等特色农产品驰名海内外。

然而，由于气候、市场信息滞后等原因，农产品滞销还不时出现；电商虽然大规模进驻，品质把控却成了问题，物流能力也有限；农民愿意返乡从事农业，但缺钱缺技术的痼疾难以破解……短短两年，虽然各大电商平台架起了日臻成熟的销售网络，但诸多难题也应运而生。如何将电商发展同农业发展纳入共融互通的体系，实现价值的共鸣？贵港邮政部门给出了答案：从单一的电商销售思维，逐渐延伸了一条"农产品上行"的全产业链，实现了果农、邮政、电商企业、电商平台多方共赢，也创造出"电商＋物流＋金融一体化发展"的新模式。

网络销售重塑传统产业格局

贵港市地处广西最大的冲积平原浔郁平原中部，70％以上的土壤基本达到富硒土壤的标准。硒能提高人体免疫力，促进淋巴细胞的增殖及抗体和免疫球蛋白的合成，这里生产的白玉蔗和百香果，颇受消费者青睐。白玉蔗主要产于贵港市木格镇，是一种水果型的甘蔗，清甜脆口，手撕蔗皮，食用方便。多年来，白玉蔗一直是木格镇当地农民收入的一个重要来源，一捆40斤的白玉蔗，行情好时能卖到60元。

但就在2019年1月初，木格镇的白玉蔗滞销了。

木格镇原以线下方式批发销售白玉蔗，主要针对北方消费者。但2018年12月份以来，贵港连续下雨，北上的许多公路也大面积结冰，货物长途运输的难度与成本大增，客商大幅减少了对木格镇白玉蔗的收购。

这愁坏了蔗农。很快，消息传到贵港邮政电商运营中心负责人李文峰这里，他马上向贵港邮政总经理雷武汇报。雷武决定凭借邮政优势，联合电商平台等多方力量解决木格镇白玉蔗滞销的难题。

1月7日，木格镇政府、贵港商务局、贵港扶贫办、贵港邮政联合做了一个白玉蔗推介会，一时间，电商团队纷纷加入其中，掀起收购白玉蔗浪潮。

贵港邮政在木格镇6个行政村设立了14个加工打包点，每天组织500多名村民加工打包封箱，严格把控质量。在贵港邮政工作人员的指导下，村民将甘蔗的头尾砍去，将中间部分切出30厘米，用布擦拭干净，套上保鲜膜以降低水分流失，然后再装箱、贴单、发货，价值与颜值兼备。

李文峰告诉记者，这是货真价实的助农，不从中牟利。他们干脆把白玉蔗的收购价放到了网上。电商的威力充分展现，不到10天，200万斤滞销白玉蔗一卖而空，大部分产品通过拼多多、邮乐购等电商平台走出贵港。51岁的木格镇贫困户黄顺宗告诉记者，在这次行动里，他卖出了自家种植的2000把白玉蔗，收入2.8万元，安心过上了新年。

从单一电商延伸出农货上行体系

木格镇行动的成功，凸显出资源互补的优势。事实上，贵港农产品"触电"的历史并不久。2016 年，主持贵港邮政电商运营的李文峰注意到，在贵港，极少有电商团队运营农产品；邮政系统在网上销售木具、日用品，也是不温不火。2017 年，贵港市政府大力推百香果产业，贵港邮政进驻电商平台拼多多，决定主售百香果。"我们把之前的电商业务都砍掉，专注于'拼模式'，力推农产品上行。"没想到，这一举措成了一个重要的转折点。

李文峰发现，拼单聚量的模式，裂变订单很快，非常适合时效性强的农产品销售。

然而，他猜到了事情的开头，却没猜到结尾：农产品的销量一路上扬，订单量实在太大，一天就有一两万单，团队常出现货不够的窘况。李文峰笑说："当时我只好不停地删去一些发货的地方，最后只保留了 4 个，才挺过去。"

问题终归要解决。在高速增长的销量刺激下，贵港邮政电商团队经讨论形成一致意见：既然自己做不过来，就引入各方力量，一起来做。于是，贵港邮政转换思路，从单一的"电商"身份转变，着力打造一个农产品上行的综合体系。这成了第二个转折点。

在 2017 年 9 月，贵港邮政联合商务局、农业局、扶贫办、邮政储蓄银行等部门，发起成立贵港市富硒百香果产业联盟。在联盟里，农民、合作社、电商企业实现无障碍连接。

产业联盟带动中小农户对接市场

联盟首先解决的，就是在面临海量订单时供果量不足的难题。贵港邮政通过在火车站等公共场所印发传单，鼓励从外地返乡的农民回家种百香果。针对果农的后顾之忧，贵港邮政又一次想在了前面：资金不足，可向邮政储蓄银行贷款，由政府贴息；技术不足，产业联盟会提供全方位支持；至于销售，种植者的果园加入联盟，产品即可按市价包销，实现"订单农业"的模式。

接下来面临的就是农产品收取与流通问题。2018 年，联盟建成 4 个电商物流园并对外招商，吸引 18 家大中型电商企业入驻；此外，联盟还在各级乡村建成 100 多个农产品电商基地。

农产品成熟，即可运至附近电商基地分拣，再到电商物流园贴单，即贴即发，实现"仓配一体化"。贵港邮政甚至放弃了自身对包裹量的追求，让这个农产品新上行体系充分开放。李文峰说："我们不会限定加盟的电商企业只能用邮政的物流，碰到特殊情况还会鼓励他们用其他快递。"

李文峰介绍，贵港邮政在电商平台销售的农产品，超过 50% 由拼多多卖出。物流园内有个电商企业 2018 年的百香果销售额为 2800 万元，其中拼多多的份额超过 60%。

"果树的叶子不用保留那么多，因为叶子很消耗营养！" 2019 年 3 月 27 日，在贵港市木格镇护录村的田地上，李文峰弯下腰，把一棵百香果树底部的叶子剥落几块，向村民示范。

他站起身来，继续向记者介绍百香果的种植要领：不要把枝蔓都搭在架子上、果实吊在棚子下的"平棚式"，要用棚架中间留天井的"窗帘式"，采光通风，产量高，口感好。谈起各种农产品，从种植到收取、包装、物流、电商销售，他都熟悉得不得了，已然是一位"全能的新农人"。

同为"新农人"的还有赖志福，他是贵港当地农民家庭出身，大学毕业后在外工作数年，回到贵港办合作社做农业。2017 年租下 200 亩种植百香果和沃柑，产品供给当地商超和电商销售。对农村的感情，不仅只是热爱，更多的是责任。除了自己种植，赖志福还发动一些村民一起种百香果，"一对夫妇种十几亩，平均下来一年能有 1 万元的纯收入"。此外，赖志福还聘请贫困户到自己的果园工作。甘显林就是其中一位，他以前开船谋生，因为一次翻船事故导致破产，一根手指被发动机皮带夹断；另一贫困户覃耀西，独自抚养两个孩子，如今也在赖志福的果园工作，跟甘显林一样，每月都能拿到 3000 元工资。

这种以农产品上行为背景的造血式助农正变得越来越主流，邮政、电商在悄悄地改变着当地的产业、扶贫生态。据记者了解，拼多多打造的"农货中央处理系统"，截至 2018 年底，已经在全国范围内带动 6.2 万余名"新农人"返乡，与平台及"新农人"直接相关的农业生产者超过 700 万人。

为返乡创业者金融赋能

在贵港邮政推动成立的农产品新上行体系里，金融也是必不可少的一环。

覃塘区的农民黄光艳，单兵作战种植百香果 200 多亩，2015 年收入不足 1.6 万元，被认定为贫困户。贵港邮政了解情况后，协调邮储银行帮她申请到 10 万元农民工再就业创业政府贴息贷款，请专家指导她种植，并邀请她加入产业联盟合作社，为她提供"采摘 + 包装 + 销售 + 寄递 + 售后"服务。2017 年，黄光艳的百香果通过电商销售收入 25 万元。截至 2018 年底，贵港邮政已经为当地贫困种植户申请到邮储银行 845 万元政府贴息的再就业创业贷款。

"跟农民、电商合作，金融业务会大幅增加。这跟单纯做物流，或'物流 + 电商'的模式都不一样，我们把电商、快递、金融一体化，形成了相互支持的生态系统，这是我们极大的优势。"李文峰总结说。

从单兵作战到成立产业联盟打通全产业链，从孕育"新农人"到金融赋能，这种全产业链的构建，使农户受益、政府满意、企业平台多方得利。贵港市农业局相关负责人对这种共赢的模式也予以肯定："贵港刚开始推百香果时，大家担心种多了怎么办？现在通过完善的上行体系，不光卖得好，还解决了缺货问题。木格镇白玉蔗一天就卖两万多箱，这是创历史纪录的。也不存在以前线下销售出现的客商压价现象。农产品价格稳住了，这就是很好的助农。"

六盘水猕猴桃缘何成"爆款"

韩　啸　邓保群

"这 200 多亩猕猴桃园都归我管，一个月工资 2100 元！"54 岁的龙仁利抹了把汗，健硕的肌肉让人很难察觉他的疲劳——最近，贵州省六盘水市龙河镇迎来了猕猴桃收获季，他每天都要到果园里工作 10 个小时以上。记者放眼望去，十几位村民和龙仁利一起在有条不紊地将刚刚成熟的红心猕猴桃采摘入筐。

被称作"凉都"的六盘水是珠江和长江水系的分水岭所在。龙仁利就是地道的六盘水人，"我们这里昼夜温差大，低纬度高海拔，气候土壤都非常适合猕猴桃生长"。老龙说，六盘水可是"中国野生猕猴桃之乡"！

让人兴奋的不仅仅是 2019 年猕猴桃的丰收，在 8 月 21 日零点的电商"农货节"活动中，这些来自云贵高原乌蒙山腹地深处的猕猴桃，在 7 分钟的时间内卖出了 3 万枚，9 小时 22 分钟 30 万枚即告售罄。在社交电商巨大的流量加持下，被当地人称作"国民蜜果"的红心猕猴桃，在被采摘后的第一时间星夜发往全国各地。

"三变"改革催生"新农业"

2014 年，龙仁利把自家的土地全部流转给六盘水市农业投资开发有限责任公司。该公司作为市属国有独资平台公司，联合当地十几家成规模猕猴桃种植基地的民企入股，共同成立六盘水凉都猕猴桃产业股份有限公司。当地政府大力推动"资源变资产、资金变股金、农民变股东"的三变改革，农村资源被盘活了，道路、灌溉渠等基础设施得到了大幅提升，农业产业发展也有了空间。农民纷纷把土地流转，然后到果园工作，原来单一的收入变成了"土地租金＋工资＋分红"三份收入。

老龙就是土地流转后到公司负责田间片区管理工作的。200多亩地，日常技术管理就是他一个人。"每天基本都要走一遍，要扶苗、绑枝，多余的要剪掉，以免跟留下来的苗木抢养分。"老龙笑着说。

果园内2万余棵猕猴桃树多少有些分散，看完山坡上的一片，老龙又骑着摩托来到山下。"现在路都通了，比原来要省了不少时间"，龙河镇红心猕猴桃基地负责人杜小江告诉记者。

杜小江是龙河镇周边6000余亩猕猴桃园的总负责人，和他直接对接的是十几个片区的工区长。"三变"之后，农民们逐渐有了"归属感"，杜小江负责的十几个片区的工区长都是公司正式员工，不仅可以拿稳定的工资，还必须要严格遵守公司的各项规章；同时公司还给每位工区长配一名农技管理人员——这个人必须懂技术，懂一点管理，关键还要能对周边的人非常熟悉，人缘也要好——老龙就是其中的一位。

"猕猴桃在成熟期可能遇到各种问题，每天晚上我们都要有人巡园。"杜小江说。生于1986年的杜小江是六盘水市水城县营盘乡人，读过大学的他曾被推荐回村做村主任，被他拒绝了。"每一株苗都是自己亲手种下去的，舍不得走。"

"国民蜜果"成了致富果

每个月，龙仁利会收到杜小江分配给他的猕猴桃园管理任务。"他

龙仁利（右）在猕猴桃果园摘果，为农货节备货

这个环节，是关系到生产效率最核心的要素之一。"杜小江说。

清闲一点时，他就一个人做完；到了农忙时节，免不了要有授粉、摘果等工作，老龙就组织当地农户尤其是贫困户参与完成，公司按天付酬劳，但他必须要保证每个人都能把活达到标准完成。

管理员这个职位要求不低。每天要做什么、达到什么标准、如何保证质量、要多少人工、怎么跟机械配合等这些繁琐的工作，心里都要清清楚楚。如果发现病虫害，要及时告诉杜小江，由他再与专门的技术团队拟订方案，老龙组织实施。"我上过五年级，数学不好，不过很爱学习，字不会忘掉。"老龙嘿嘿地笑。

他没吹半点牛皮。他家高高的石头墙，就是他自己砌起来的。"我能建造整个的石头房子。"他颇为自豪。

如今，老龙把全部才能和精力都放在了照料"国民蜜果"上。

2014年以前，他在农闲时也打零工，一天最多挣20块钱，他老伴也曾打零工，报酬更低。从2014年开始，他过上了拿固定工资的日子，一个月合计有2100元。"她是按天计酬的，在今年回家带孙子前，一年也能挣个 2 万多，两个人合计能挣 4 万多。"杜小江给他算账，"现在条件好了，孩子也工作了，老龙有时就总说不想干，不知道是让我涨工资，还真是钱够花了。"

其实，说不干肯定是句玩笑话，曾经的贫困还是刻骨铭心。龙仁利是刚刚摘帽没多久的建档立卡贫困户，兄妹八人他排行老四，在杜小江没来的时候，一家老小只能在自家几亩薄田里种玉米和稻谷，而且是在离家较远的、又分散的山坡旱地。"水稻产量一年就 2000 多斤，打成米能有一千五六百斤，除了自己一家人吃掉的，还能卖个六七百斤，按每斤卖两块多算，也就能剩个 1000 多块，买点盐巴、调味品就所剩无几了。"老龙叹口气。

2014 年前，车进不来，1 块钱的砖要花 3 块钱才能背进来。这里的村民建房子，只能用石头。老龙说，以前没路，有个亲戚过来，在田埂上走着走着就滚下田里去了。"没路的时候，有的人真的连媳妇都娶不到。"杜小江说。

一直到 2014 年，当地大规模发展红心猕猴桃产业，才修了四通八达的水泥路，解决"最后一公里"的交通问题。近几年来，六盘水市已经陆续流转土地超过 20 万亩，也整体上得到了村民的支持，因为他们知道，产业有了，公司来了路就通了，致富也有希望了。

把好红心猕猴桃品质关

六盘水的红心猕猴桃 8 月中下旬才开始成熟。"猕猴桃最后一个月是转糖期，外面看大小是一样的，但这是品质形成的关键期。"杜小江说。他们杜绝为了抢市场而提早采摘，"我们是统一品种，统一标准，一定要把关系到老百姓生计的产业做好"。据了解，六盘水市已经被认定为"国家级出口食品农产品质量安全示范区"，猕猴桃作为地方特色

果园采摘工正在为猕猴桃分类、装筐

产业，他很理解公司对每一个细节的苛刻要求。

　　老龙知道果子要卖出去有利润了才有"分红"，但他并不担心这件事，公司有专业团队开拓全国市场，通过线上线下相结合的模式销售。老龙正忙着组织自己的亲戚和村民们，采摘成熟的果子。这一季红心猕猴桃采摘后，等着他的，是冬剪修枝、绑枝条、施冬肥、搞冬灌、抹芽、授粉、套袋、除草、夏剪……又一个充满希望的四季轮回。

　　拼多多"农货节"负责人介绍，"农货上行"已经成为该项目的"基因"，其团队几乎跑遍了全国各大农产区，逐步架构起了全国500多个产区的强大供应链。而"农货节"作为一个出口，将基于平台创立近四年积累的供应链和消费端数据，经过分布式人工智能技术的算法推选出最受欢迎的农产品品类。其间，"秒杀万人团"每两天都会推出节令时鲜爆品，以全网极致性价比回馈消费者。

　　正是在电商平台的努力下，"七山二水一分田"的云贵高原山地，农民、当地政府和企业创造出了"新农业"形态。拼多多新农业事业部高级总监说："各个农产区都有不同的案例和模式，产生了一大批优质农特产品，带富了一大批老百姓，我们期待'农货节'唤起更多人珍惜果实、尊重农民、热爱自然。"

老龙知道，自己悉心料理的果子，正通过信息高速路走向全国，自家的土地、自己的劳动，都变得金贵起来。

额济纳蜜瓜网上卖　农牧民种瓜有甜头

张亚雄　梁　镇

"现在订单还络绎不绝，截至目前我们已经预订出了几万箱，这都要归功于派出所民警帮忙宣传了这个强大的网络销售平台。"近日，在内蒙古阿拉善盟额济纳旗苏泊淖尔苏木，尼特其乐生态种养殖专业合作社负责人刘勇难掩兴奋地对苏泊淖尔边境派出所民警说，今年"触网"为社员和瓜农们开辟了一个新天地。

金秋时节，阿拉善盟额济纳旗居延海畔，牛羊成群，飞鸟翔集，瓜香四溢。苏泊淖尔苏木就坐落于居延海畔的胡杨林中，美丽的景色令人陶醉。由于昼夜温差大、光照充足，这里是额济纳旗哈密瓜的重要产地。如今，"互联网＋农业"的概念对于该苏木许多农户而言早已不再新鲜，"电商平台下单，宝贝直达家门口，扫二维码，产品信息一目了然……"苏泊淖尔边境派出所服务当地瓜农，让他们通过"网上销售""电商对接"尝到了实实在在的甜头。成熟的蜜瓜正在采收，订单纷至沓来。

刘勇负责的合作社成立于2016年，目前已经拥有20户社员，种植面积发展到320亩以上，人均年增收达到了5000元。

"过去瓜农们主要的销售渠道是通过'签订合同'。"苏泊淖尔边境派出所民警张银涛说，互联网时代给蜜瓜市场带来巨大冲击，近两年这里雨水多，眼看着一些蜜瓜卖不出去，他们和合作社也在思考如何转变思路，更好地服务于瓜农。

受自然环境等因素影响，每年群众收入起伏较大，为拓宽辖区经济收入渠道，进一步提高群众收入，2019年1月初，苏泊淖尔边境派出所会同尼特其乐生态种养殖专业合作社经过积极协商，通过互联网的方式大力推广额济纳旗哈密瓜。同时派出所成立宣传服务队，深入田间地头为瓜农、瓜商、务工人员宣传网上订瓜带来的效益，还专门制作了《征求意见表》和《满意度测评表》，推出蜜瓜微信交流群，征求"金点子"和下一步工作的意见，切实提高服务群众水平。"蜜瓜未动，订单先行"，2019年初，刘勇在微信上开了微店，用他自己的话说，本来是想赶个时髦，但没想到买哈密瓜的群体从朋友发展到朋友的朋友，主要以广东、深圳等地居多。"这两个月用微信、互联网就卖了一万多箱瓜。"

"电商销售是尼特其乐生态种养殖专业合作社发展的一部分，从今年开始实施，它改变了传统的销售模式，减少了中间环节，让消费者在短时间内就能品尝到可口的哈密瓜，同时也为我们瓜农带来了增收致富的希望。"苏泊淖尔苏木伊布图嘎查书记罗钢刚说。

每逢哈密瓜收获的季节，在苏泊淖尔苏木的哈密瓜田里，总能看到一些忙碌的身影，这些身影就是由苏泊淖尔边境派出所民警组成的"收瓜服务队"和"法制宣传队"。2019年合作社种植的哈密瓜较多，该所民警放弃休息时间，前往地里帮忙瓜农收瓜、过秤、装箱，一遍遍穿梭在瓜地间、货车间，全力疏导车辆，排查隐患，护航蜜瓜贸易。

"作为新一代移民管理警察，我们将继续践行新时代'枫桥经验'，以'矛盾不上交，平安不出事，服务不缺位'为指针，打通服务群众'最后一公里'，做到警拥民、民拥警、警民一家亲，更好地让'甜蜜'飞向全国各地，同心共筑警民鱼水情。"苏泊淖尔边境派出所所长吴楠丁说道。

"触了电"的漾濞核桃产业旺

杨佳燕　袁建锋

云南漾濞县兴农核桃种植销售专业合作社异常忙碌，每天都有十几名工人在忙着装货、称重、封口，上千箱打包好的核桃正准备通过快递发往全国各地。"通过电商渠道，每个月订单平均有 1000 多单，核桃销售近 20 吨……"合作社负责人杨张妹乐呵呵地说。这是漾濞县开通电子商务助力群众脱贫致富的一个缩影。

近年来，漾濞县大力发展电子商务服务业，积极探索"电商＋品牌培育""电商＋精准扶贫"等模式，让漾濞核桃、李家庄苹果等农产品搭上了电商快车，让群众致富的路子越走越宽。

2018 年 9 月 28 日，漾濞县将建档立卡贫困户的 50 株古树核桃两年果实采摘权在上海国拍大楼现场拍卖，线上线下交易总价突破 167 万元；10 月初，漾濞县供销社分销商城引进企业、合作社 10 多家，注册分销员近千人，分销核桃类产品达 20 多款，销售额达 30 多万元；10 月中旬，漾濞县交通运输局联手苍山西镇白羊村"两委"班子，在线上、线下销售核桃 125 吨，销售额达到 110 多万元，单价均高于市场价格……

电子商务的兴起，吸引了众多合作企业的注入。2018 年，兴农核桃种植销售合作社与漾濞县招商引进的杭州安厨电商平台合作，主推"一县一品"核桃销售活动，仅 2018 年 12 月 3 日这一天订单量就突破 1 万单。截至 4 月中旬，合作社在线上销售核桃量达 170 多吨、魔芋 110

多吨、梅子 10 多吨，销售额达 460 多万元。

电子商务的做大不仅为当地群众解决了农产品难卖的问题，还让更多的建档立卡贫困户就近务工，实现脱贫。平坡镇石坪村建档立卡贫困户茶永妹，以前卖核桃、梅子要到街上摆卖，现在依托电子商务平台，不仅在线上就能卖出好价钱，而且还在电商合作社找了份临时工。

通过打造县、乡、村三级联动覆盖电商平台，有力推动了漾濞优势产业、农特产品与互联网"联姻"，全县电子商务服务业全面铺开。目前，该县已成功打造"传润""大理彝家人""云果善品""漾宝""核桃秀"等 30 多个核桃品牌，举办了"改革开放 40 年·2018 中国电商扶贫行动"走进漾濞系列活动，全县电商销售额突破 3000 多万元。

"互联网＋大蒜"让传统产业换新颜

范亚旭　　王帅杰

2020年8月19日，入秋后的天气开始凉快起来，在河南省杞县高阳镇王桥村电商扶贫车间内，贫困户刘根军与妻子王莉正忙着为大蒜装箱打包，一箱箱5斤装的大蒜整齐地摆放在车间一角。"在扶贫车间里有时还干大蒜分拣、装车等活，如今在家门口不仅有了稳定的工作，每月能拿一笔工资，而且还能照顾着家，生活水平从根本上得到了提高。"通过"电商＋就业岗位＋贫困户"模式，让因病致贫的刘根

在河南杞县电子商务产业园内，一家电商企业的工作人员正在对其生产的大蒜深加工产品进行网络直播销售

军越干越起劲。

位于河南东部的杞县，农产品资源丰富，其中，大蒜种植面积连续两年突破 70 万亩，产量 90 多万吨。依托大蒜产业优势，杞县积极打造县域特色网销农产品模式，充分利用第三方平台资源，对接淘宝、天猫、拼多多、京东等知名电商平台，组织电商企业在网上销售农产品，实现互联网和农产品的无缝对接，让互联网红利真正惠及广大群众。

如今的杞县大蒜早已形成了生产、加工、贮藏、销售一条龙的产业化发展格局，并构建起了"互联网＋大蒜"现代商贸模式。全县有 8 家日发货量达 2000 单以上的电商企业，为当地群众提供了大批就业岗位，其中吸纳了包括刘根军在内的不少贫困户长期从事打包、分拣、客服等工作，帮助贫困户就业增收。

电商助农，培训先行。近年来，杞县依托该县电子商务产业园，积极开展多层次、多形式电商技能实操培训，邀请电商界专家、教授、有实操经验的高级运营人员授课，举办了"党建引领＋电商扶贫"专题培训班，培训对象有各乡村干部、结对帮扶责任人、贫困户等，让参训学员掌握电子商务创业增收的本领，培养了一批实际操作能力强的电商带头人队伍。

"为激活农民电商创业致富的积极性，我们进行进村入户宣传，一对一讲解电商相关知识，下乡宣传发放传单、明白卡、宣传页、宣传物品，显著提升了农民对电商扶贫政策的知晓率，也为电商扶贫工作营造了浓厚的舆论氛围。"杞县扶贫办主任宋祥永介绍，2020 年以来，为打消贫困户对电商销售农产品方面的顾虑，我们还组织全县电商企业跑遍了全县 20 个乡镇、400 余个行政村，面对面与贫困户接触，普及电商知识，宣传电商扶贫政策。

家住杞县裴村店乡翟岗村的低保贫困户霍自永是切实享受到电商

发展红利的一员。在村"两委"的引导下，霍自永把自家的1.5亩地全部种成了大蒜，当大蒜成熟后，他积极与电商产业园对接，并将大蒜以高于市场0.1元的价格销售给了一家电商企业。"真没想到靠着一根网线能把大蒜卖到全国各地，而且还比我去市场上卖的要贵，看来我的'老观念'真该改变了。"有电商企业的高价收购兜底，霍自永对自家的大蒜收成充满了信心。

电商要发展，物流运输是关键。为解决这一难题，杞县通过整合县内中通、圆通、申通、韵达、天天等5家快递物流公司资源，共同成立了开封市村村达配送服务有限公司，真正实现进港件统一派送、出港件统一发出。实现所有乡镇统一配送，通过统一分拣，合理配送，大大提升了流通效率，降低了物流成本，提高了服务水平，率先成为实现全省物流快递融合发展的县区。

据了解，杞县已有800余家企业建有自己的网站，通过B2B、B2C、C2C形式进行网络交易；2600余家电商企业和商户在国内主流电子商务平台上开设了各类网店、旗舰店，从业人员达2万余人。在今年新冠肺炎疫情期间，为了解决农产品滞销卖难问题，杞县电商服务中心制定出台一系列复工复产政策、措施，统筹指导电商、物流企业加快复工复产，保障农产品上行，今年以来全县电商企业、个人共销售农副产品达3800万斤。

"下一步，我们将继续整合完善农村物流配送服务体系，改善农村网络基础设施，培育更多的优秀电商人才、优秀电商企业和农村电子商务经营主体，并加快推广本地农产品的品牌化、标准化，利用特色产业和资源优势，引导电商企业、个体网商参与'电商扶贫攻坚行动'，助力更多的贫困群众实现创业就业、脱贫致富。"杞县县委书记韩治群表示。

电商『新农人』篇

院士、县长、网红齐亮相

——将直播助农进行到底

韩　啸　余向东

2020 年，为了解决新冠肺炎疫情带来的农产品滞销难题，网络直播成了不少电商平台挖掘消费潜力、打造农货上行渠道的重要方式。各大电商依托平台优势，与政府、学者、网红等影响力人群广泛合作，构造了以直播内容生产为载体的互联网销售新业态，有效地将传统农业产区的销售诉求融入新的消费场景中，成为助力农产品上行、推动农业产业升级的重要力量。

"终于有个可以往湖北发货的了，感人。" 24 岁的吴雪琪已经被困武汉 2 个多月了。小区出不去，只能靠社区团购——种类少，价格高。以前，她常在电商平台购买农产品，现在经销商都不往湖北发货了。

3 月 15 日，她在视频直播间看到一张熟悉的面孔——中国工程院院士邓秀新，是她在华中农业大学念书时的校长。邓院士正在向全国网友介绍秭归脐橙，从种植、口感到食用价值，事无巨细。末了，院士还特地强调，水果没长腿，不会传染人。

老校长背书，吴雪琪立刻下了一单。据了解，今年秭归有 6 万吨柑橘待销，受疫情影响目前只售出了一半。为了打开销路，秭归县和电商平台取得联系，为 5 万果农直播带货。

从 2 月 10 日起，电商拼多多在全国率先开启"政企合作，直播助农"的新模式，浙江、广东、广西、重庆、安徽、山东、江西等地组织了多场直播，院士、县长、网红纷纷投身直播助农的战"疫"中。

院士县长齐亮相，秭归脐橙销路旺

秭归县地处湖北省西部，位于三峡大坝库首，是天然的"水果保鲜库"。

当地果农周金桥介绍，秭归农民大多以种脐橙为生，在三峡库区蓄水后，这一区域周围温度降低，形成一个天然的冰箱，一年四季农民都有果卖，"纽荷尔脐橙12月成熟，接下来是中华红脐橙，最后是4月的伦晚脐橙"。

作为中国首个"脐橙之乡"，10年前秭归脐橙收购价只有3毛一斤。后来，时任华中农业大学校长的邓秀新从国外引进新品种"伦晚"，避开了脐橙销售高峰期，并逐渐借助互联网的影响力将秭归脐橙卖到全国各地。

截至2018年，秭归脐橙品种已达113个，种植面积35万亩，年产60万吨，产值超过30亿元。秭归脐橙通过电商渠道实现16亿元销售额，占总量一半以上。

周金桥已经种了20多年脐橙，一步步看着秭归脐橙从只有线下销售到线上线下"平分秋色"，"电商平台的需求大、大果小果都要，而且基地直发不打蜡，品质更好"。

秭归脐橙原本不愁销路，可因为疫情使传统销售渠道受阻。"往年大年初三就有人来收购，今年晚了整整1个月。"周金桥说。

眼看果子就要烂在地里，秭归县选择把脐橙带到电商直播间。副县长宋俊华、"柑橘院士"邓秀新纷纷为疫情中的秭归脐橙"正名"。

下午3点，宋俊华出现在直播间，他开始"手把手"教消费者如何选购好果："表皮有弹性、颜色均匀、肚脐小的脐橙，口感最佳。"

果农王群承包了 1000 多亩脐橙种植基地，每年销售脐橙上千万斤。秭归县政府规定的复工时间是 3 月 13 日，但考虑到当地有 18 万人种植脐橙，政府于 2 月 14 日开通了脐橙出省"绿色通道"，并陆续给龙头企业颁发了通行证。

"我们公司 70％销售额来自脐橙，又有 70％脐橙靠电商销售。"王群说，2 月 16 日，他拿到政府批文开工，目前脐橙销售进度已达 60％。

邓秀新介绍，秭归脐橙采用"留树保鲜"技术，即脐橙熟了之后不摘，留在树上 3 个月。特殊的气候条件，让秭归做到"春有伦晚、夏有夏橙、秋有红橙、冬有纽荷尔"，还产出了特有的红肉脐橙。

3 月 15 日这场直播，共销售秭归脐橙 8300 单，约 6 万斤；直播店铺自参加了平台的"抗疫助农"活动以来，共销售脐橙合计 4 万单，约 29 万斤。

"湖北疫情高风险市县仅剩武汉城区，秭归县的生产生活正在陆续恢复中。虽然今年销售晚了 1 个月，但因为秭归脐橙线上销售多，果农的损失已经大大减少。"宋俊华表示，随着复产工作的推进，4 月"伦晚"的销售会更加通畅。

电商重塑砀山梨产业链

看着打单机不断吐出来的快递单据，陶广宏松了一口气。

陶广宏既不是商家，也不是职业主播，而是安徽省宿州市砀山县人人知晓的"陶县长"。3 月 2 日 19 时，他走进助农直播间，向平台消费者介绍砀山酥梨的历史、独特的自然生长环境和多种不同的吃法。

这位自嘲担心"年纪大了，品相不好"的主播取得了不错的成绩：

活动期间，直播间涌入 60 万名消费者，当天店铺销量高达 27000 多单，消费者买走了近 14 万斤砀山酥梨。

在发货基地临时搭建的直播间里，陶广宏变身"大厨"，亲自上手教网友在家、在办公室制作冰糖雪梨、炖梨、梨粥等常见的滋补炖品。"老人小孩吃，喝完酒的男士吃，都特别好。"说完陶广宏又喝了一口手上的梨茶。

当天，整个直播过程涌入了 60 万名消费者，当天店铺新增 5 万多粉丝，销量高达 2.7 万多单，消费者买走了近 14 万斤砀山酥梨。根据平台数据显示，"95 后"买家买走了其中的 1/3。

陶广宏介绍，改革开放以来，砀山当地不仅发展酥梨的规模种植，也打开思路，延长产业链条，通过发展特色水果农副加工产业，提高酥梨产品的经济价值，实现砀山酥梨的产业化经营。基于产地优势，砀山发展了酥梨罐头、梨膏、梨酒、酥梨果汁等多种食品深加工产业，据了解，砀山县年产果蔬罐头及果汁饮料 45 万余吨，产品出口日本、美国、加拿大及欧盟等国家和地区，年销售收入超过 30 亿元。

到了移动互联网时代和电商时代，砀山县依托"政府 + 电商龙头企业 + 农户""电商服务中心 + 培训 + 农户"的模式，大力发展电商销售渠道，塑造农产品电商品牌。据统计，砀山县目前拥有电商企业 1370 家，网店和微商近 5 万家，带动 10 万多人从事电商物流等相关产业。

为让农产品多卖一块钱，她们真"拼"

韩 啸

春天的山东青岛，海风依旧强劲。最近一年来，这里的水果生鲜产业与新电商的协同发展，恰如这股疾风，呈现出猛烈、蓬勃的发展态势。青岛姑娘王宁是这股浪潮中的弄潮儿。在女性商家总占比达57%、农产品及加工农产品类别女性商家比例达55%的某电商平台上，她已名列前茅。这位痴迷金庸的"80后"，带领着一支女性占比近60%的"新电商团队"，左手扶贫助农，右手"攻城略地"，在这片巾帼创业乐土上 一路高歌猛进。

返乡创业 电商铺就致富路

"人参不属于水果生鲜类，所以我现在不方便帮您销售，不过可以介绍其他渠道给您。"2019年4月的一天，王宁像往常一样耐心地和商家交流。这是她再熟悉不过的工作场景。目前王宁通过与新电商平台的合作，尽可能地帮助有农产品销售困难的人。

"我的原名是王宁宁，你叫我王宁就好了，简单方便。"爽朗的王宁聊起自己的经历，一带而过。"2005年大学毕业后，先后去北京、上海工作，后来发现还是家乡青岛适合自己，其实就是割舍不下对家乡的感情；2010年回到青岛后，第一份工作就是电商运营。"她也从那个时候就认准了电商的巨大潜力，"无奈总是得不到老板的重视，说服别人实在太难，那就干脆自己出来做吧！"

2012年，王宁辞职创业做起了电商，经营渠道涵盖各大电商平台。从这一年到2016年，她的业务都以电器销售为主。这段时间，王宁陆续开了七八个店，单店营业额不知不觉做到了8000万元。出人意料的是，2016年她忽然改变了业务方向，把业绩不错的电器业务砍掉，转做水果生鲜，以芒果、火龙果、榴莲为主，旁及其他品类。截至2019年4月，不满3年的时间，王宁团队实现了3.4亿元的线上营业额，并获颁平台2018年度"优质商家奖"。

谈到转型的原因，王宁解释说："从经济价值上看，在电商平台做水果生鲜，利润值不高，我们做到现在也没超过10%。但做水果生鲜有一个好处，那就是周期短，从果园摘下来到入库再到发货，快的话三四天就可以完成。如果做衣服，从设计到量产再到发货，可能要三四个月。周期短意味着资金回报快，这对商家来说是重大利好。"

不过，这个转变来得并不顺利：王宁在四川备货，没想到恰碰上当地的泥石流，货出不来，导致店铺评分直线下降，团队信心极为受挫。为了完善供货策略，她在四川充分考察学习了地方经验，并首次接触到了"拼模式"，这让王宁的思路又一次打开。

扶农助农　社会、经济效益双丰收

"那是我第一次知道这个平台，当时简直就是两眼冒光啊！要知道，传统电商平台的流量越来越贵，现在居然有这么一个新平台，不用怎么花钱就能获得流量！"王宁马上意识到，她遇到了一个非常适宜做水果生鲜的新电商平台。

他们很快发现了新平台的独特之处。2016年10月，青岛一些村庄的萝卜滞销，愁坏了村民。王宁团队得悉情况，联合电商平台及当地邮政部门发起了助农活动，他们以高于当地市场价 0.2—0.5 元 / 斤的价格收购萝卜，社交裂变聚集而成的大量订单，邮政以成本价寄发包裹，很快就卖出 20 万斤滞销萝卜，帮助 130 多户农民实现增收。

其后，王宁团队陆续和该电商平台联手发起了另外 4 次助农行动，涉及品类有广西田东县新乐屯芒果、海南金煌芒、广西融安金橘、广西圣女果，在这些助农行动期间，团队以高于当地市场价 0.1—0.5 元 / 斤的价格向农民收购，合计卖出 40 万斤农产品，活动期间销售额超 130 万元，帮助 600 多户农民增加收入。

一位青岛的大学教师认为："新的营销模式解决了大宗农产品批量上行的问题，对接了后起电商消费群体的需求，是在真正解决中国广大老百姓的问题。"

王宁感慨说，电商平台让她前所未有地实现了自己的社会价值，"做水果生鲜电商之前，我对中国的贫困是没有认知的，我生长的地方经济条件比较好，从小到大没有见过谁上不起学或者是买不起衣服。做了生鲜电商后，去了很多偏远山区，那里的贫穷程度超出我的想象。然后我认识到，哪怕一斤农产品的收购价涨一块钱，对于农民来说已经也能够大大改善他们的收入状况了"。

匠心运营　损耗率远低于行业平均水平

王宁和她的团队坚信，通过电商平台运营水果生鲜，是大有可为的一件事。而在出货量不成问题的情况下，提升利润的关键就在于控制损耗率。在这一点上，王宁团队走到了同行前列，他们把损耗率控制在不高于 3.5% 的水平，即进入仓库的 100 斤水果，少于 3.5 斤就不能发出。据了解，行业内的一般的损耗率往往达到了 5%。

做到这一点并不容易。首先，在源头处采用原产地直供，专业的采购团队根据不同品类的成熟度和成长期进行挑选，保证入仓到发货过程中不会腐坏变质。

其次，借助数据分析实现精准备货。团队通过对销售量、访客 UV 数、访问深度、跳失率、用户停留时间、用户 RFM 模型（根据客户活跃程度和交易金额的贡献，进行客户价值细分的一种方法）的分析，对 7 天、15 天、30 天的数据纬度加权分析，以及综合各个产地天气变化的情况，进行精准备货，确保订单准确性。

再次，实行严格绩效考核，货品先进先出。精准备货后，要求仓库人员须对商品轻拿轻放，不允许压箱堆放，杜绝质量不合格的入库，先入库的货品要先出，定时保湿，保证鲜度和尽量减少水分流失。此外，还要定时检查冷库的最佳保鲜状态，确保处于产品所需的最佳温度和湿度。

以上都做到后，王宁还注意到，不少同行以为货品发出后就不用管了，其中很多包裹因为客户没有及时收取，导致水果烂在了快递柜里。于是，她成立了物流跟踪部门，专门监控超期快递，发现快递到达 1 天内没有取走的，马上联系客户及时取走，从而降低了售后率。

"做电商没有什么秘诀，需要的是工作细致、细致再细致。"王宁总结说。

侠者多助　"拼模式"集中力量成大事

王宁的青春期，正在言情小说风行的时代。许多同龄女生钟情于琼瑶，王宁却始终痴迷于金庸，最爱《天龙八部》里的萧峰。说起 2018 年金庸去世，她神色黯淡地说："那对于我来说，真的是一个时代结束了。"

举手投足之间，王宁的果敢、爽朗多少带了点萧峰的影子。团队成员笑言"王总很能给我们打鸡血"。这让她在喜欢助人的同时，也收获了很多人的帮助。

刚开始做水果生鲜时，王宁团队里没一个人有相关经验，甚至连芒果有多少种都不了解。这时，王鑫帮了她的忙。王鑫是青岛一个做线下批发的果商，遇到了正在到处"找货"的王宁，两人成为合作关系。但他很快就发现，自己的水果根本不够。"王宁没做几个月，就每天来拿三四万斤水果。那时她已经是我最大的客户了，但我不敢告诉她，生怕她担心我做不来。"王鑫笑道。

随着王宁团队的销售量越来越大，王鑫终于"瞒"不住了，于是他把王宁带到广西开拓货源并建议她在南宁建仓。此后，王宁货源大开，团队以青岛和南宁的两个仓为主，同时在各地建"云仓"来发当地水果。譬如福建柚子成熟时，王宁就在产地短期租用快递公司的仓库进行发货。专业的精神、充足的货源、灵活的机制，加上电商平台一路飙涨的活跃用户的助力，让王宁团队的销量节节攀升。

回顾创业路，王宁充满了感激之情，"刚起步的阶段，王鑫让我的几位员工免费在他的货场住了一年。后来他给我介绍了广西的货源，等于是我也把他'抛弃'了，但我们的关系依然很好，现在还经常互相帮忙"。

孙丽娜是王宁的员工，负责行政事务，在公司销售业务繁忙时会去客串客服，王宁戏称她为"青岛最给力的行政人员"。2017年，王宁团队遭遇资金困难，孙丽娜主动借了30万元给公司，她回忆说，"当时家里人也不是没疑虑，生怕公司做不下去，钱要不回来。但我相信公司只是暂时遇到了难题，而且知道公司的盈利状况非常乐观——连我自己都有冲动去开店了。所以当时没怎么犹豫，就借了这笔钱给公司。"其他员工得悉情况后也纷纷解囊，借钱给公司渡过难关，最高的单笔借款达80万元。一个月后，王宁团队的资金周转就恢复了正常。

"2018年，我们做了1.6亿元。2019年，我希望做到2.5亿。"

创业路上，"一起走吧"

——"90后"残疾人团队的电商传奇

蒲　灿　张艳玲

"非常震惊，非常震惊"，四川成都蒲江县电子商务协会负责人叶艳对来访者连说两遍。让她震惊的，是自己所在园区两位20余岁的残疾青年，不到25岁的杨添财和29岁的吴云，3个月居然卖出4000万元农产品。即使在拥有大小4000多家电商企业的蒲江，这也是一个惊人的数字。

谁曾想到，因为身体残疾，很长一段时间里，杨添财和吴云都将自己放逐在痛苦与绝望之中。因为互联网，他们的命运转变了。通过网络，他们聊天说话互相宽慰建立了深厚的友情；通过网络，他们掘到了人生中的第一桶金，并最终找到了人生的价值和意义。

病痛让他陷入人生绝境

记者眼前的杨添财，虽然坐在轮椅上，却一脸阳光。别以为笑容背后是一路走来的自强不息，其实，因为感到人生无望，他曾将自己封闭起来长达7年。

6岁那年，杨添财患上了肌肉萎缩，渐渐不能走路。医生说，这孩子可能活不过18岁。对杨家，这犹如晴天霹雳。"小学就开始有小孩叫他瘸子，初中懂事了，他受不了，初二就辍学了。"添财的妈妈指着大门口残联修的无障碍通道说："几年时间，他不曾下过这个台坡。

除了上厕所，连吃饭都闷在自己房间里。"

蒲江残联理事长陈莉还记得第一次见他的情形："当时他听到我们来看他，就躲进被窝，一句话也交流不了。"第二次，杨添财没躲被窝了，却背对着墙，不看陈莉一眼。

因为完全看不见未来，少年添财把自己放逐到人生的绝境里。蒲江残联的李书林如此描述杨添财头几年的日常生活：长年不理发，长发披肩；常捶胸；学狼嚎；在家摔东西，甚至骂父母，推搡弟弟。父母心疼而无奈，只能以泪洗面。

杨添财刚辍学那会儿爱打牌，父亲给他买了台新电脑。就靠着电脑，他度过了几年自闭时光。杨添财在网上打游戏，卖装备，两年居然赚了三万余元，因为有钱也不出门消费，他又通过打游戏把这些钱花了出去。"他小时候非常好学，记性好，爱琢磨，打牌也很厉害。后来他往牌桌上一坐，就'一缺三'，没人敢和他玩。"吴云笑着介绍他这位早早辍学的学霸弟。

吴云初看上去和身体健全的人没两样，但因为年幼时感冒用药出问题，一只耳朵丧失了全部听力，另一只必须随时带着助听器。"我也经过一段自闭期，因为别人说话我总听不见，后来就越来越不愿跟人交流，把自己封闭起来了。"不过，他还是考上了大专，学设计。因为听力障碍，吴云找工作不顺，2012 年开始在电商行业做供应链谋生。

直到 2015 年，时年 21 岁的杨添财和 26 岁的吴云，人生轨道才发生交集。

"卖出每一枚水果，那不光是挣钱，而是在证明着我们能够自强自立"

杨添财和吴云的父亲，都在蒲江县做了二三十年的水果代办。2015

年6月，两位父亲介绍他们在网上认识。"以前他不跟人交流的。但跟吴云在网上总有说不完的话，他俩交流心理上没压力。"添财妈妈说。

在吴云的引导下，杨添财开始尝试做电商，卖本地的猕猴桃等农产品。做了几十年代办的父亲，负责给他采购供货，妈妈就帮手打包发货。2015年底，水果网络销售额达到了100万元，杨添财注册成立了公司。2016年，卖到了300万元。

添财说，创业路上，他得到了很多人的支持。资金不足，父母就在2017年以40多万卖掉住房，再找亲戚筹集20万，支持儿子创业；场地不足，在县委书记协调下顺利做了扩建。

线上运营就杨添财一个人。"最累的一次，我两三天几乎没睡觉，一个多月下来瘦了13斤，只有72斤。"然而他乐在其中，7年黑暗中彷徨，仿佛一朝见到了光亮，人生亮堂了。

与此同时，吴云的供应链模式也不断在发展，2017年做到了400多万的销售额。但吴云很苦恼，"订单经常不稳定，有时备好了货，别人却突然改口说不要了，非常被动"。他很想自己直接开店，"这样就能直接掌握订单"。

此时，杨添财与吴云经过近一年的交流后，已经"奔现"成了好朋友。"有时候真觉得自己挺幼稚。我们都很爱天文和物理，一起听音乐、旅游，有一次，我背着他上了9层的高塔去望远。很累，但很开心！"吴云说。

面对共同诉求，他俩一拍即合，2018年初决定把两人的公司合并，入驻蒲江电商孵化园。杨添财和吴云有个强烈的共识："卖出每一枚水果，那不光是挣钱，而是在证明着我们能够自强自立。"

创建"一起走吧"，帮助更多残疾人创业就业

2018年6月前后，两人去成都系统学习了三个月电商运营，意识

杨添财（左二）和他的电商创业团队

到品牌的重要性。"我们都是残疾人，由于我行动不便，出行都是吴云照顾我，吴云听力不好，与别人交谈都是由我传达给他，可以说'我是他的耳朵，他是我的腿'。"杨添财向记者这样介绍自己与吴云的关系。这种比亲兄弟还紧密的状态，激发出他们的灵感：不如，创建"一起走吧"的残疾人品牌，带动更多残疾人创业就业吧！

这次，他们把精力集中在了新电商平台上。8月开店，10月才开始真正运营，但爆发力惊人，到2018年12月底，线上销售额即超过3500万元，线上线下总体销售额则突破4000万元。他们的官方旗舰店，获得电商平台2018年度潜力商家奖。除了蒲江本地的地标农产品红心猕猴桃、柑橘，他们还销售四川盐源、云南昭通、山西运城、陕西礼泉等地的苹果，先后在河南、陕西、湖南等地建仓。

"湖南的冰糖橙是我们最先卖爆的一款产品，一天达到4万多单。"吴云说。他做过几年供应链，知道哪里的农货品质最好，找谁调车，怎么组织熟练的分拣和打包工人。"每个环节的关键点我都很清楚，因为全都做过，出了什么紧急状况，我可以随时解决。"两人的特长很互补，杨添财擅长线上运营，他很熟悉电商平台"人以群分"的新商业逻辑。"我们参加的平台助农，就是从四川大凉山那里采购的水果。"通过拼单和游戏等方式，平台上消费者的需求被归聚起来，其中的一部分，成为这两位心怀梦想的年轻人的强大动力。

两位父亲，则成了儿子们公司的忠实采购者。每天都要到处去看果园，以最高的性价比采购好果子。"比起给别人做代办要忙，开给我们的工资可能还少一点，但我们怎么能不支持他们呢？"吴云的父亲半开着儿子的玩笑。

在"一起走吧"团队里，"80后"陈光祥是从工地上摔下来后，双腿截肢，周苗则是因为车祸使腰部以下失去了知觉。现在，他们俩都在家做客服，每天17点半到23点工作，回答消费者的各种问题，月薪3000多元。隔一段时间，公司会派人上门给他们做培训，更新业务知识。

"这是我截瘫后的第一份工作，能回答消费者的问题，这让我觉得生活很有价值。"陈光祥说。周苗现在也变开朗了，喊着要加记者的微信。"我在床上躺了七八年，觉得自己成了废人。现在不同了，每天我都在向光祥他们学习，能养活自己，这种感觉特别好。"周苗说。

"我其实更希望光祥他们能逐渐开始自己创业，我们会推一个残疾人培训的项目，专门来做这件事。"杨添财说。他们免费培训了20余名残疾人，优先销售残疾人种植的猕猴桃、柑橘等农产品。

陈莉非常欣慰："这两个年轻人，真的非常善良，残联给他们的物质支持并不多，有一次培训活动，他们干脆婉拒了我们的补助，说自己现在有能力支付成本。"

"相比于成为榜样人物，你们更要保重自己的身体。"蒲江商务发展局的局长李敏像大姐姐一样交代杨添财，她几乎会在他的每一条微信下面点赞。

遇到困难，杨添财喜欢和吴云一起开车出去，把车窗打开，让风涌进来。有时，他们会一起"进山"，用望远镜看向宇宙深处。"满天的星星，在深邃的银河面前，会觉得世人都很卑微，但心里会更纯净。"

每天，吴云会一次又一次从后备厢把42斤重的轮椅搬出来，帮助杨添财撑着车门把身体挪上去。4月23日下午，他送杨添财去陪女朋友过生日后，记者坐他的车回酒店。刚停下车，吴云习惯性地去打开后备厢搬轮椅，手举到一半突然停下，他才想起，杨添财这次没在车上。

"小电商"带"小农户"脱贫致富

钱良好　杨丹丹

2020 年端午节小长假，安徽省庐江县"小鲜农网"的生意特别火爆，后台订单像流水一样哗哗地打印出来，一天时间能达到 2000 多单，公司几十名工作人员奔走在乡村和城市，在 12 小时内把最新鲜的农产品从贫困户手里收上来，再送到客户手中。近日，记者来到坐落在庐城电商园的安徽小鲜农网络科技有限公司的"小鲜农网"基地，看到一派忙碌的景象。该公司总经理姚凯一边忙着手上的活，一边介绍说："我们打造这个平台的出发点就是针对贫困户，帮助他们卖出、卖好产品。"

记者跟随采购人员来到庐城镇新桥村岗北村民组贫困户叶正仓的养殖基地收货。58 岁的叶正仓是 2014 年的建档立卡贫困户，因为上有 90 多岁的老母亲，下有聋哑的儿子，生活困难，于是他想到搞养殖业。2016 年，他承包了村里的 100 亩水塘，搞立体养殖，水上养鸡、鹅、鸭，水下养鱼、养龙虾。前几年因为刚起步，没有什么收入，今年进入正轨，等到鸡肥鸭壮时，却遇到了疫情，销售出现了难题。正当老叶犯愁时，村里的扶贫干部李婷婷找上门来，帮助他在"小鲜农网"上挂上了产品，没想到一下子火了，因为是绿色养殖，深受城里人的青睐，订单源源不断地来，500 只鸭、1000 只鸡、3000 多个鸭蛋很快就销售出去了，老叶笑得合不拢嘴："没想到坐在家就把产品卖出去了，省事，明年我还要大干，多养点，光脱贫不行，我还想致富。"

姚凯介绍，"小鲜农网"扶贫销售，是该县为了促进消费扶贫，帮助贫困户解决农产品销路问题，打通消费扶贫"最后一公里"，联合电商平台，开发应用的一款微信小程序。只需添加微信小程序"小鲜农网扶贫"，想要购买的农产品可配送到家。

在"小鲜农网"平台上，帮扶责任人帮助贫困户发布自种自养农产品销售信息，平台根据订单情况上门现金收购，在全县范围内免费配送，全国大部分地区均可快递邮寄，若是家禽，可代为宰杀加工。

由庐江县商务局和扶贫办牵头指导"小鲜农"网络公司建立的庐江县消费扶贫电商平台有三大特色：一是实名发布，平台应用"互联网＋农业"垂直领域新模式，由帮扶责任人在平台实名注册、后台认证，帮助发布贫困户自种自养农副产品。二是线上购买，用户通过微信小程序下单，县内由平台派专员上门取货并免费送货，县外采取快递邮寄的方式配送。三是平台对接，结合已有的销售渠道，与县内宾馆、饭店、机关企事业单位食堂等合作，综合考虑物流成本、合理定价帮助贫困户带货。

"小鲜农网"已注册1万多人，发布贫困户农副产品销售信息8000条。庐江县坚持各方积极联动，将爱心行为、慈善行为与经济行为、消费行为有机结合，变"救济式"扶贫为"参与式"扶贫。

"以前我们想帮助贫困户找不到好的方法，现在有了这个平台，可以直接下单，为贫困户脱贫助一臂之力。"眼下，庐江县党员干部积极以实际行动为扶贫农产品带货。截至6月28日，"小鲜农网"销售订单累计5000多笔，销售金额达50多万元。

"网红县长"大声叫卖特色农货

缪 翼

"朋友们不要走开，待会儿连麦送大家优惠券哦。新进来的朋友麻烦双击屏幕送我'小心心'，也要记得点击关注哦。"直播间里这个昵称"新疆何淼"的40多岁男主播正在积极与网友互动。时而掷地有声，时而笨拙地卖萌再带着些许可爱。

3月1日18：30，"新疆何淼"在新疆巴音郭楞蒙古自治州尉犁县火龙果风情园热情熟练地推销产自本地的香梨膏："香梨是我们这里的'水果王子'，润肺又润嗓，14公斤才能做出1公斤香梨膏。"

"看你说得这么好，打开吃吃看。"为了配合网友的评论，何淼随即打开一瓶，用勺子舀着，边吃边对着镜头说："朋友们看到没？很浓稠很甜，还可以兑水喝。"

这场直播持续了近3个小时，成交额约11万元。"新疆何淼"俨然农产品领域的带货"李佳琦"，他其实是尉犁县副县长何淼，分管电子商务。

新冠肺炎疫情期间，不少地方的农产品因物流等因素销售受阻。湖南、新疆、辽宁……天南海北10个县市的负责人想到了同个办法——2月29日至3月2日，在今日头条和西瓜视频做直播带货。

三天十地，通过视频直播，农产品销售总额约300万元。

感受一把网络带货的震撼力

这次参与直播的县市负责人，既有像何淼这样拥有众多粉丝的"网红县长"，也有怀着"卖不出去怎么办"忐忑心情的"新手县长"。

2月29日下午是安徽省宿州市砀山县副县长陈新启的第一次直播，推销的是本地酥梨。"直播前很担心，怕镜头前紧张，介绍不好卖不出去。"陈新启没想到网友的关注度如此之高，在西瓜视频的直播间最高峰有46万人气，销售量也很高，短短3小时就卖了4.7万斤，销售额19万元。"直播为我们开辟了一个非常好的销售渠道，我太激动了。"陈新启说。

据陈新启介绍，直播后，砀山酥梨的销售量也在逐步攀升，达到了500万斤/天左右，基本恢复到往年同期一半的水平。

1000多公里外，陕西省榆林市米脂县委书记王国忠也是第一次参与直播。"小米是我们县农民的主要收入来源，几乎所有人都种小米。"2月29日上午，王国忠在米脂县的电子商务孵化基地为当地小米"站台"3小时。他还请来了厨师，在直播中为网友展示由小米做成的各种美食，比如小米凉皮、小米凉糕、小米酿豆腐、小米酿枣等。

"让大家亲眼看看小米的做法、吃法，我觉得最具说服力，这也是直播的最大好处——直观。"王国忠感触颇深。

从此认准了视频直播这条路

尉犁县不仅有20多万亩水果地，罗布羊也是一大特色。怎样一改过去传统、被动的销售模式，把水果、羊肉和其他农副产品卖出去、卖得好，是何淼常思考的问题。

2016 年冬天，何淼偶然通过社交平台帮助当地一家个体户一天卖掉 3 吨冬枣。"简直不敢相信，震惊。"何淼的思路也由此发生了改变，他从外面请来老师给本地干部、电商从业者培训。2017 年和 2018 年，每月都会给乡镇农户、电商协会的人进行常规培训。课堂设在可容纳 200 人的县委党校阶梯教室，每次都座无虚席。对住在村里不便进城的果农，县里专门请了本地电商协会的老师晚上去村里上夜课，教果农如何通过互联网平台卖货。

"我们新疆地理位置偏远了点，新事物走得慢一些，但是不能不走，更不能不学习。"何淼介绍，县里有个小伙子卖羊肉，过去一天能卖三五只就很不错。现在做加工企业，把羊肉切成片进行真空包装再做成礼盒，今年最多的一天，折合下来卖了 700 多只羊。还有县里的王小红，此前是家庭妇女，没有经济来源，完全依靠丈夫。接触电商后，去年已能卖羊肉、红枣、葡萄干等农产品，年销售额超 100 万元。

到了 2019 年，何淼意识到视频直播带货的效果很好，他就从乌鲁木齐请来老师教授如何拍摄小视频，如何做直播。

"去年底，我们县还组织了一场视频直播带货大赛，第一名一小时就卖了近 4 万元，卖出去的产品有蜂蜜、红枣、羊肉、馕饼等。"有了这样的好成绩，何淼认准了视频直播这条路。

争取本地多出几个"网红"主播

"今年还要加大视频直播的力度。"这个"网红县长"，何淼是当定了，"好的农产品因不为人所知卖不出去，老百姓很吃亏。如果通过我们能够为老百姓推销产品，那便是好事。"

在何淼看来，"县长们"的站台也在一定程度上保证了质量和信誉，他曾公开向县里电商行业立规矩：必须诚信经营，保质保量，如果敢以次充好，砸尉犁县电商的牌子，将取消其做电商的资格，并处以罚款，同时请广大人民群众监督。

直播结束时，4.7万斤的库存算是解决了，陈新启总算松了一口气。

"这次在西瓜视频的直播给部分果农解了燃眉之急。"陈新启介绍，砀山酥梨的储存方式有3种，冷库、果窖、直接放屋里。冷库和果窖的储存时间较长，可持续到夏天，但不是每个果农都有实力选择这种方式。直接放屋里，过了3月卖不出去就会烂掉，因此着急出售。

"我们把酥梨直接呈现在消费者面前，节省了广告成本。"陈新启认定，视频直播的展现形式更为直观，更能赢得消费者的信任。

米脂县的小米也在西瓜视频的直播中卖出了4万多斤，销售额约30万元。"传统渠道，就是本地加工企业去收购农民小米谷子进行加工，然后走大宗批发，转到外地，卖得价格较低，农民赚得也少。且传播速度慢，难以打响品牌。这迫使我们去想更好的传播途径和卖货方式。"王国忠说。

"之前我们就关注到短视频APP受众广泛，基本'逢机必装'。这次赶上西瓜视频大力补贴农产品直播，感觉是个试水的好机会。"在王国忠看来，视频直播的渠道便于下单，传播效果好，还可以帮助农户走直销的形式，即把已包装好的小米直接卖到客户手上，没有中间商赚差价。

体验了一次直播带货，王国忠最强烈的感觉就是可以零距离观察到市场反应和消费需求。"粉丝们会在评论区评论互动。搞直播是最好的市场调研，比坐在会议室听汇报了解得多，展示的信息量大，比文字的形式更容易让人接受。小米好不好，镜头一扫就知道了，很有表现力。"王国忠说。

　　据米脂县电商办主任吕德勇介绍，2017 年"双十一"米脂县小米销售额是 365 万元，2019 年"双十一"飙升到 1360 万元。加上这次直播，县里已经深刻感受了网络带货的震撼力。米脂县也曾从浙江杭州请了老师，培训返乡大学生、农户、退役军人以及待业在家对电商有兴趣的青年。

　　当然，"县长们"变身"李佳琦"带货只是暂时的。对于 2020 年电商布局，3 位县负责人都表示，会重点对接电商销售企业，把个体户汇到企业生产线，让前方的电商企业进行销售。

　　同时，他们也将系统性利用小视频和直播引流，重点针对视频直播和视频制作进行培训，争取本地多出几个"网红"主播，带动农产品卖得更好，让农民的生活更好。

"特派员"带领农村电商创业

王迎霞

宁夏灵武市沃益农种植专业合作社传来喜讯——他们种植的小番茄"香妃3号"在上海卖出了好价钱，每公斤2.3元的价格比其他基地高出0.5元，仅一家客户就订购了5万公斤！

"一方面是因为我们的科学管理机制及蚯蚓生物技术的应用，小番茄口感纯正、风味独特，消费者普遍认可。另一方面是合作社不断尝试'线上宣传，线下销售'的营销理念，目前来看作用非常明显。"合作社负责人、灵武市科技特派员史进总结说。

史进是宁夏科技特派员破解农业服务"最后一公里"难题的典型。

近年来，宁夏为解决农产品销售难题，积极依托产业链搭建互联网销售平台，成为带领农民致富的主力军。

来到位于灵武市郝家桥镇泾灵村的沃益农种植专业合作社，门头上"国家电子商务进农村综合示范县项目灵武电商泾灵北村服务站"的白色大字，在棕色底纹的映衬下显得格外醒目。

"电商扶贫是当前我们的工作方向，合作社已经和多个电商平台建立了合作关系，就是要打通产品销路。"史进说。

2013年至2019年，沃益农合作社已发展为集种植、加工、销售为一体，宁夏回族自治区、银川市、灵武市三级示范的专业合作社，仅2018年就解决劳务用工3.5万人次，发放劳务工资275万元。

"去年光小番茄就种了 886 亩，这么大的种植面积，如果单靠人工包装好了去卖，势必会造成产品积压。"让史进宽心的是，幸好合作社在线上进行了大量宣传，才能在线下引来大批客户。

面对市场不景气的大环境，即便在"中国滩羊之乡"盐池县，滩羊销售也同样遇到了挑战。为开拓市场，该县大水坑镇黄记井村的科技特派员强奋林与时俱进地用起了"互联网+"这一工具。

2015 年 4 月，强奋林建立了大水坑旗舰店互联网平台，下载各类信息 1000 余条，收到电子邮件 500 个，实现网上交易 35 万元。同时，他奔赴上海、天津、重庆等地签订供销协议，每月滩羊销售量稳定在 15 吨左右。

截至 2019 年 9 月，强奋林和他的桐林土豆经销专业合作社实现利润达 370 万元。他与 600 户养殖户签订了每公斤高出市价 2 元的收购合同，帮助农民纯收入增加 600 万元。

廖仔杰：从卖软件到卖农货

韩　啸

在助力农产品上行、助推中小农户联通大市场的背景下，电商平台承担着日渐重要的角色和使命。伴随着农村双新双创活动的深入开展，以电商平台为资源载体、以市场化信息化为发展理路的创业浪潮日渐汹涌。不少从农村走出来的青年人成为电商创业大军中的一员。他们往往扎根家乡，深耕特色产业，把品牌化、优质化、特色化的经营理念融会于创业实践中，在打开市场销售格局的同时，有效推动了传统产业升级，为农村产业兴旺、脱贫攻坚添砖加瓦。

从卖软件到卖农货，新平台激发新思路

"把手插进一袋米里，如果感觉阻力很大，并且手上沾有一层米屑，那么这袋就是没抛光的米；如果伸进去很顺溜，手上也没什么米屑，那么这一袋就是经过抛光的。抛光的米虽易于存放，但也损失了一些营养成分……"23岁的廖仔杰谈起如何判断大米质量时，俨然一副"老司机"的派头。

这个电商创业故事的主人公——廖仔杰——来自湖北省天门市，17岁时，他到武汉的一所大专院校就读。可能是机缘巧合，也源自骨子里的追求，小廖在学校读了一年就"不安分"地选择了退学，走进了社会，在武汉、南京等地从事软件销售工作。时至今日，再说起当

年自己的选择，他还是会一脸认真地强调"不提倡现在大学生退学出来创业，自己的情况比较特殊，只是碰到了合适的机会"。可事实证明他的选择是正确的：脑筋活络，人又勤快，很快廖仔杰做出了一些成绩，在工作第一年就揣着十几万元回家过年，走在了同龄人前列。

可能是性格中的不安分，再加上软件销售的成功给予他的自信，2015年，廖仔杰和一个来自湖北省京山市的朋友听闻了农产品电商的发展潜力，于是就决定一起到京山创业。他说："我喜欢鼓捣一些事情，所以退学时就知道自己迟早是要创业的，家人也不反对，他们对我的决定一向比较支持。"

从卖软件到卖农产品，尤其是成为一名"新农人"，这显然不是一个简单的决定。从都市的"时髦"生活回到"乡土"情境，工作性质也是相差千里。"在城市待久了就想回到农村，毕竟这里有我自己从小长大的家——京山挨着我老家天门，距离很近，待在这里没有在外打

廖仔杰（中）和同事在公司仓库探讨产品销售事宜

拼的孤独感。现在农村发展很快，我在农村可以用自己的所学创造财富，也为家乡做一点贡献。"廖仔杰如是说。

2016年，廖仔杰和小伙伴正式成立了公司，截至2019年3月，公司规模已经扩充至30多人，拥有两个大仓库，在新电商平台的总销售额达6000万元，其中拳头产品大米的销量达850万斤，在平台粮油类产品中排名前列。2018年，廖仔杰的公司获湖北省商务厅颁发的"湖北省电子商务示范企业"称号。

"如果不是拼团模式，我可能放弃做电商了"

和多数创业者一样，失败的经历是创业故事的序篇和铺垫。公司刚起步的阶段，廖仔杰们在一些电商平台开了网店，然而流量却一直上不去，销售不温不火。正当团队成员感到一筹莫展时，事情有了峰回路转的变化。

当时他们接触到了新电商平台，廖仔杰抱着试一试的心态在上面开了店。有一次，平台遴选合适的商家销售香菇，刚好京山有不少地方生产香菇，廖仔杰就报了名，第一天就卖出了1000单，这一下让廖仔杰感受到了"平台和模式"的力量。"别看这个数字不算大，对当时的我们来说想卖几百单都是很难的事，所以我们都惊呆了，决定把更多的精力用在电商平台上。"廖仔杰意识到，这种基于移动社交裂变的方式来拼单聚量，特别容易激活流量。"如果不是拼团模式，我可能放弃做电商了。"

不得不承认，有时候选择的确比努力更重要。截至2019年3月，廖仔杰团队前后在电商平台卖出了10万单香菇，京山很多地方的货都卖完了。其后，团队决定扩大经营范围，并将京山最有名的大米作为主要产品，这一思路也一直持续至今。

　　然而平台上的海量订单，带给廖仔杰团队的不仅有喜，还有惊。2017年，廖仔杰报名参加平台一个柿饼销售活动，"那一年柿饼卖得非常火，我准备了两万单的货，以为应该能满足需求了。当天晚上10点多钟活动上线，我下班回去，深夜0点去刷新页面，发现每一分钟就增加1000单，心想这下完了！当天晚上就没睡安稳，第二天发现共有13万单……"

　　供货量严重不足，而平台则承诺为消费者提供高品质的购物体验，所有产品都需要在48小时内发货。怎么办？廖仔杰说："当时平台工作人员打电话来安慰我们，鼓励我们坚持把货发完，但规则要遵守，还是要按规定给消费者延迟发货的赔付金。我们到各地去调货，现场找了200个人打包，用了一个星期终于把货发完。"

　　现在回头看，这件事就是创业路上的一场大考，由于后续的应急措施处理得当，平台提升了他们店的信用等级，也积累了一些应对大量订单的经验，之后再也没有出现过备货不足的情况。

既卖农货又教开店，将电商助农进行到底

　　"我们卖的是农产品，很自然地就会扶贫助农。"创业以来，廖仔杰团队和平台联手，先后在京山做过三次比较大的助农活动。

　　第一次是2017年3月，京山绿林镇农民的鸡蛋滞销，廖仔杰团队闻讯，收购了当地12万枚鸡蛋在电商平台销售。还有一次，五三镇的油桃卖不出好价格，很多农民干脆放弃了采摘，廖仔杰团队得知情况，收购了当地20万斤油桃。第三次，他们听说曹武镇等地的板栗销路不佳，就去收购了80万斤板栗。对于这些助农产品，平台专门采取了专题推送等方式给予充足的流量支持，所有农产品很快售罄。据了解，这三次助农行动，为当地农民带来约300万元的收入。

曹武镇白泉村是当地的贫困村，地理位置偏僻，出行不便。在2017年那次收购板栗的助农行动中，廖仔杰团队认识了白泉村民李海霞，随后手把手地教她开店，销售村里的农产品。李海霞对记者说："我的店优先采购村里贫困户的产品，销量稳定增长，目前还在扩大规模。"

在白泉村，贫困户李鹏才正和其他村民一起忙着给香菇菌棒打孔接种。李鹏才种植的香菇直接供给李海霞的网上店铺，几乎实现了"足不出户"销路就有了保障，目前仅凭借香菇的电商销售他一年能得到1.5万元的收入。廖仔杰特意告诉记者："我们主打的是大米，跟白泉村的店不会形成竞争。别看我们店的销量不小，我做过调查，尽管我们的大米卖向南方一二线城市的占比很大，但京山大米在线上的销量才占30%，其余都是走线下的。京山大米的质量很棒，但感觉运营还有很大提升空间，我希望这边的大米能让全国各地的消费者都喜欢。"

钟绍强：辞官创业结成"给荔联盟"

葛宇飞

广东省东莞市的荔枝产业久负盛名。近年来，越来越多的东莞电商、供应链、物流企业和果农们抱团发展，结成"给荔联盟"。根据东莞荔枝协会的统计，2018年东莞有近1/3的荔枝是通过电商的渠道销售出去的。"今天离开枝头，明天到达舌头"，在24小时内全国各地的消费者都能品尝到新鲜的莞荔已成为趋势。

钟绍强就是东莞荔枝电商销售中的弄潮儿。每年荔枝上市的时节，频繁往返于果园的钟绍强已经习惯了被太阳暴晒。带着浓浓的乡愁情怀，已经是大朗镇经信局副局长的他，于2014年辞职创业，变身"新农人"，通过创办电商公司，用新的思维和方式为父老乡亲们的荔枝销售搭建新渠道。

钟绍强出生在东莞大朗镇莱边村，村民们祖祖辈辈靠种荔枝为生。钟绍强就是在荔枝树下长大的孩子，他家里有二三十亩的荔枝树。每到荔枝丰收的季节，钟绍强就会和玩伴们爬到树上摘果子，在树下嬉戏打闹。

2014年，钟绍强辞去了大朗镇经信局副局长的职务，创办问道电商公司，专注于荔枝的网络销售。"当时就想着要在大好的年华里去拼搏下。"大学期间，钟绍强获得了金融和计算机的双学位。在担任大朗经信局副局长期间，他又分管电商工作。这些履历让他敏锐地感受到了"互联网+"的风口。当时在大朗镇乃至整个东莞市，果园还没有互联网涉足。"最重要的我是带着浓浓的乡愁去创业的。"钟绍强说，是内心深处的情怀促使他勇敢地做出了决定。

"我们要做有情怀的'新农人'""做荔枝最好的时间是五年前和现在""智慧农业搞得好媳妇娶得早""糯米糍，我们盘它"……不少极具个性化的网络语言从他口中大声说出，迎来台下合作伙伴的阵阵掌声。讲到高兴处，他还端起果盘走到台下，请观众品尝荔枝。

作为"新农人"，钟绍强把团队往标准的互联网公司方向打造。"互联网＋荔枝"的主要"套路"就是轻资产运营，线下采购果农的荔枝，线上与多个大平台合作，同时做好品控、运输、营销、品牌工作。

"我们希望吃到的是荔枝，品尝到的却是文化的内涵。"会讲故事是众多互联网企业的标配。钟绍强和团队特别注重让内容为销售赋能，他们设计了荔枝动漫宝宝，以"莞吉荔"的 IP 统一对外输出东莞荔枝。

2019 年的荔枝上市季，钟绍强异常忙碌，除了要在营销上耗脑力外，还要不时去果园走访。今年受天气因素的影响，荔枝生产迎来"小年"。根据东莞市农业农村局的预测，2018 年东莞荔枝的总产量约 1.7 万吨，2019 年则可能只有 0.1 万吨，减产严重。对此，钟绍强倒不是特别担心，因为他已经提前和 130 户果农签订了采购协议，在货源上有保证，已经预售超过 5 万箱荔枝。

他具体通过薪金、股金、租金等不同方式和合作社的果农合作。而且不仅是商业上的合作，还有感情的联络。有一年，钟绍强和果农们签署了 10 元一斤的收购协议。结果因为当年荔枝大丰收，市场上很多荔枝卖到了 2 元一斤。在这种情况下，他本可以通过违约退还订金的方式来终止合作，但钟绍强不想失去果农们的信任，还是选择了继续合作。

大朗镇的果农王柱堂去年荔枝的销售总额大概 20 多万元，其中有

10 多万元都是通过钟绍强的电商平台销售出去的。在他看来，有了电商的销售渠道，果农们只需要做好品控和包装即可，不需要过多担心销售的问题；而且电商平台的收购价格一般都比传统的批发价高一两元，果农们的总收入在提高。

因为已经合作了四年，彼此之间特别熟，谢岗镇的果农林志聪则直接称呼钟绍强为"强哥"。他果园的荔枝 80% 都会走电商销售模式。过去销售的渠道少，有批发商在中间压价，让他丰产也无法丰收；现在在"强哥"的帮助下，哪怕是在滞销期，他的荔枝也能卖上好价钱。

虽然一直把情怀挂在嘴边，但创业还需要在商言商，钟绍强最开始创业的时候曾拿了 30 多万元去投广告，而当年的销售总额才 300 多万元，成本意识的不足让他亏损很是严重。

从政府部门工作人员转变成创业者，钟绍强需要在多个方面做出改变。创业后，做事除了考虑结果，他还必须要考虑投入产出比；虽然是创始人，但他提出一个想法后，团队内会有不同的声音，他要多方面考虑，用各种手段去统一大家的想法，减少内耗……这些都是钟绍强创业以来遇到的烦恼。"我现在很享受这个过程，等着从量变到质变。"

王廷金：爱上枸杞的"90后"

韩　啸

7月的大西北，阳光充足。贵州黔东南小伙王廷金早就熟悉了宁夏贺兰山的炙热。这个"90后"的苗族小伙儿已经在枸杞行业"混迹"多年，他在电商平台上的枸杞旗舰店也稳居滋补类目前列。

"现在枸杞不仅在云贵川等地发货量越来越大，而且也不再是中老年人的'专利'，很多年轻人已经把养生的枸杞变成时尚消费，在平台强大的推爆款能力加持下，小小的宁夏枸杞正走向全国消费者。"王廷金认真地分析着枸杞的消费走向。在他身后，由社交电商描绘的枸杞产业新图景正在为传统产业注入活力。

互联网上的"枸杞创业"

皮肤黝黑、眼睛炯炯有神的王廷金操着南方口音，他所管理的公司，2018年销售额高达8000万元。他笑称："自从做了电商，'90后'活生生长成了'80后'，小哥哥变成了胖大叔。"

高考之后填报志愿，王廷金选择了北方民族大学，"我以为学校在北京，没想到是在宁夏。宁夏在哪里？专门去看了地图才找到，可见我们当时有多么闭塞"。

王廷金揣着舅舅给的几千块钱，一个人来到了银川。"如果真去了北京，现在可能就是程序员。"他未曾想到的是，宁夏让他和枸杞结

宁夏充足的阳光为晾晒枸杞提供了有利条件

缘，而舅舅塞给他的钱，是他最后一次从家里要钱，他要自立。

"学校里2万名学生90%都是外地人，过年都带枸杞回家，体量很大，于是就在学校摆地摊卖枸杞。"王廷金回忆起自己第一次做生意的情形，零下十几度站一天，整个身体都是僵的。

但是他还是认准了枸杞，并展现出了"可怕"的认真态度和敏锐的洞察力。

"很多商贩千里迢迢来宁夏买枸杞，却找不到靠谱的途径，花大价钱也未必买到正宗的。刚好我学计算机专业，大一闲暇时利用专业知识开设了一个专注枸杞的论坛——中国枸杞论坛。"王廷金非常自豪。

2012年全国风靡黑枸杞，王廷金去各个产地认真考察之后发表了很多有关体积、口感等鉴别文章和视频。"后来关于黑枸杞的大中小果区分、杂质比例等国家标准和我当时写的文章基本都是吻合的"，王廷金仍然觉得有些不可思议，"很多人找我们来买枸杞，这就倒逼我们先后做起了枸杞批发和网络销售。"

王廷金的公司也在这一年注册成立，在很长时间内，为大型连锁超市和中药饮片厂供货成为公司主要的销售收入来源。

带动种植户脱贫致富

在宁夏做枸杞生意的商家有很多，但王廷金团队显然是其中的佼佼者，长期稳定的需求量让他们将更多的注意力放在品质上，倒逼种植户不断提高种植技术。

作为枸杞的发源地，中宁县同时也是全国枸杞产业基础好、生产要素全、品牌优势突出的核心产区。6—11月枸杞果实陆续红熟，要分批采收，并迅速将鲜果摊开晾晒。

"4斤鲜果出1斤枸杞干，因此枸杞干的亩产只有400公斤左右。我们会和种枸杞的村子按照行情谈好价格，全村包销。"王廷金的合伙人之一、公司采购负责人龙学飞说。这位毕业于华东理工大学、在上海生活了整整10年的采购负责人是地道的中宁县人，这段时间他跑遍了中宁县的田间地头。

龙学飞表示，公司对品控非常严，农民必

农民将采摘的枸杞送去晾晒加工

须对每棵枸杞树都认真打理，否则卖不上好价钱，这就倒逼种植户用最优化的方案去种植，无形中提高了产品品质。"中宁县有30多万人，一半和枸杞有关，5万人是主业，10万人是相关产业，甚至会出现10万大军摘枸杞的壮观场面，采摘也是普通农民增收的重要途径。"

一位采摘工透露，摘一斤鲜枸杞的工钱大约在1.5元左右，熟练的人一天能赚80到100元，一个采摘期能有1万元左右的收入。

随着销售量蹿升，位于银川的包装工厂也显得日益拥挤和缺人手，熟练的工人被视为宝贵财富。

40多岁、脚部有残疾的分拣工马大姐说，自己因为脚上有残疾不能长时间站立，找工作屡屡碰壁，现在可以坐着进行分拣，每个月能有2500元的工资，忙的时候还有加班费，对生活和工作很满足。

"拼团购"让枸杞爆单了

早早创业的王廷金在大学毕业后的第一年遇到了危机：经营上出了问题，搭上以前所有的盈利，还亏20多万元，濒临破产，那段时间压力巨大，考虑过彻底放弃，好在他顶住压力，与龙学飞正式成为合作伙伴，同时还一起收购了银川当地一整套加工厂房和包装生产线。在重新整合了团队和供应链之后，所有人都在等待一个机会。

2016年4月，新电商平台拼多多快速成长，他们抱着试试看的心态开了第一家店。

王廷金团队一位老员工回忆说："上线第一天销售300多单，第二天1000多单，我们都很惊讶，接下来每天都是两三千单，这条路，我们算是走对了！"

2018年9月，磨合了两年的团队已经非常成熟，做了充分的素材准备和产品定位后，新店铺于 10 月初正式上架。"到'双十一'就起量了，此后销售量就再也没下来过，一直保持滋补类目前列。"王廷金说，"最普通的时候也能保持每天 8000 单以上，达到 1 万单很正常，我们和平台一起成长。"

2018 年，王廷金和团队一共销售了 2200 吨红枸杞和 400 吨黑枸杞，共计实现销售额 8000 万元，线上销售占到一半。2019 年上半年，全公司已实现了 6000 万元销售额。"枸杞的销售主要是在下半年，新鲜的枸杞基本上从 6 月底才开始采摘，今年全公司的目标是翻倍，达到 1.6 亿元的销售额，目前来看应该能顺利实现。"王廷金透露。

让年轻人成为"枸杞控"

稳居平台滋补类目前列，并没有让王廷金和他的团队自满，他们经常更认真地分析客户群体，研究销售规律。

王廷金分析，目前云贵川等地的发货量正在不断增加，这说明宁夏的枸杞正在走向全国大市场。

7 月 23 日，国内权威数据公司 QuestMobile 发布中国移动互联网半年报。报告认为，下沉市场已经成为 2019 年中国移动互联网最重要的战场，三四线城市用户始终保持较高增速，而与此同时，在可支配收入及消费支出上，农村居民增长速度均高于城镇居民，农村居民消费潜力可期。

"更让我们惊讶的是，以前认为枸杞是中老年人的'专利'，但在我们的客户群体中，25 岁到 40 岁的年轻人购买比例非常大，已超过半数。"王廷金说。

王廷金的销售数据也从官方渠道得到了佐证。人民日报社新媒体中心 5 月 29 日发布的《中国青年发展报告》披露，从消费行为数据上看，"拼团购"目前已成为当代青年在这一类型网购行为中的首选。

　　"年轻人追求性价比，也注意养生和新玩法。"王廷金说，"除了泡水喝，果蔬汁也可以加入枸杞，甚至有黑枸杞冰激凌，他们现在把枸杞养生当成了一种时尚消费。"

潘玉才：上网卖葱姜的厉害"小师傅"

王　澎

已经入冬的山东半岛，清晨 6 点的风有些凛冽。

即使穿上了厚厚的羽绒服，山东省安丘市凌河镇农民刘世德仍冷得瑟瑟发抖。直到一路小跑到自己的大葱加工点后，身上才有了些许暖意。他嘴里默默地念叨着："这大葱好呀，今天该运走啦，去广东、去福建……"年逾五旬的他，这一年里不但学会了打包、发快递等新技能，还能和全国各地、操着不同口音的客户谈生意，虽然起早贪黑但却乐此不疲。因为农产品电商的到来，安丘这个葱姜主产区发生了天翻地覆的变化。

葱姜触网，价更稳了

凌河镇是国家级农产品加工出口重镇，盛产铁杆大葱、生姜、毛芋头等。刘世德所在的村——前儒林村，是北方旱作农业的典范村，具有我国北方粮食生产的一些典型特征。

家里的十几亩地，除了当作口粮的小麦和玉米，剩下的大多种当地特色的大葱和生姜等作物。与大多数农户一样，刘世德种的生姜和大葱经常遭遇行情"大小年"。"行情好的时候，不出地头就卖了，虽然便宜点，但是能卖出去。行情不好的时候，没人收，就烂在地里了。"前几年的"卖难"，对村里不少农民来说，历历在目。

刘世德和乡亲们想改变，但又无所适从。这时候，一个叫潘玉才的年轻人出现了，彻底改变了他们的生活。

潘玉才是十里八乡的"能人"，他告诉刘世德，可以通过自己的网点卖葱姜，销售量有保证，价格也稳定，建议他试试新的销售模式。刘世德抱着试试看的心态开始了与潘玉才的合作。

安丘鲜姜上市的季节是每年5月底，往年刘世德总是一边忙着收姜，一边联系买主。"经常被压价，价再低也得卖啊，不然就烂家里了。"

与潘玉才的第一次合作，彻底让刘世德目瞪口呆。他种的安丘大姜成了网上爆品，也成了潘玉才网店中销量最好的商品。几天时间，刘世德和村里其他20多户姜农的大姜被一扫而空。看着一车车被拉走的大姜，刘世德总觉得不可思议。短短4个月，成交34万单，总销量超百万斤，卖光了自己村里的大姜，刘世德就把附近乡镇的大姜也收过来卖。他一家五口每天从早到晚清洗、加工、打包、处理订单……

刘世德说，以前不爱摆弄手机，也搞不明白，现在每天订单太多了，逼着自己学习用电脑和手机处理订单。

大姜销售季节一过，11月份就到了铁杆大葱收获的时间。"自己家里人真是忙不过来了，我又雇了十来个人，现在每天的订单都能超过1000单。我们以前不种地的时候就会出去打工，现在在家就能比外出打工赚得多，谁还愿意出门呢！"

"钢镚"铺子开张，生活彻底改观

像刘世德一样，在安丘凌河镇有一群人，通过完善的电商体系，将新鲜的农特产品卖到全国各地。他们都是潘玉才一手带出来的"徒弟"。

现在正是大葱的销售旺季，潘玉才不是去考察大葱品质，就是在村里的加工点调度周边村镇的货。为了保证大葱的新鲜程度和消费者体验，当天中午之前的订单，都要赶在当天发出去。

"85后"的潘玉才读书不多，跟着哥哥去日照的副食品厂送货。2016年初，一位浙江义乌朋友看他每天送货忙忙碌碌也赚不到多少钱，就建议他说，可以开个网店试试。

于是，他给自己的网店起名"钢镚食品"，小店正式营业了。"钢镚"是他孩子的小名。"农村人穷怕了，所以给孩子起了个能来钱的名字。"潘玉才说。

店里起初就是主营厂里的酱油、醋，第一天卖出了8单让潘玉才很是高兴，他开始用心经营，订单也一天天多起来。

拼团、秒杀……社交电商平台讲究的是"裂变营销"，伴随着在社交网络里的分享、传递，巨大的流量让潘玉才的小店迎来快速发展。在2017年10月份前后，潘玉才的店铺达到了每天1000单的稳定业绩，如果参加了平台举办的各类推广活动，达到两万单甚至更多也不稀奇。"那时候忙到手软脚软，两万多单就有两万多元的利润……"赚到人生"第一桶金"的潘玉才，开始不断扩大自己的经营范围，店铺生意也越做越大，彻底成了十里八乡的"大能人"。

生活有了改观的潘玉才意识到，自己的家乡有大葱和大姜两大特产，还有不少乡亲们因为农产品价格的波动而苦恼，为什么不把家乡特产也搬到电商平台上，帮着乡亲们一起致富呢？

师徒"传帮带"，让乡亲都富起来

2018年，潘玉才在安丘详细考察了家乡的农业现状。他发现村里留守的中老年人居多，往往只会种地不会销售，中间商会压低收购

发货前，潘玉才又检查一遍已经装箱的生姜

价，丰收的年景多，但是老百姓并没有增收。"我在琢磨把铁杆大葱、鲜姜、毛芋头这些安丘特产放到电商平台上的时候，心里也有些忐忑，但是我说服大家和我一起干。"潘玉才笑称，自己这个年轻的"小师傅"带了一群年长的"老徒弟"。

一年多下来，潘玉才带动大家陆续在平台上开了10多个店铺，手把手地教大家，实在不懂运营的，他就负责经营店铺，老乡们负责发货。除了生姜的34万个订单的"海量"，铁杆大葱日均订单超2000个，毛芋头订单也有两三千个。

潘玉才不断扩大规模，建起仓储、包装车间及流水生产线，并招收年轻的村民学习发展电商。如今，潘玉才直接管理的团队有10多人，像刘世德这样的"徒弟"有36个，遍布全安丘市。此外，他还吸纳了当地上百村民到加工厂务工就业，把3000多户农户的农产品销往全国各地，实现农民增收脱贫。

来自电商平台的数据显示，全平台的葱姜有 80% 来自山东省。截至 2019 年 11 月底，山东葱姜的销售额和订单数同比增长将近 150%。

"看到乡亲们都富了，我才舒坦。"这是潘玉才内心的想法，我也希望通过电商让外出打工的年轻人回来，把家乡的好东西卖出去，让安丘的特产走向全国。

任乐乐：宜城"鸭司令"创业记

韩　啸　邓保群

　　"我们现在每天的订单量大约有两三万单，一般要用 4 辆 6.8 米的大车才能把当天的货发走。"2019 年 7 月的一天，在湖北省宜城市，任乐乐指着面前正在装货的大车对记者说。这位 30 出头、土生土长的"85 后"宜城小伙，用三年多时间将自家的松花皮蛋做到了电商平台的品类前列。同时，任乐乐还创立了楚大鸭业有限公司，辐射带动周边农户共同致富，是宜城有名的"鸭司令"。作为中国地理标志产品，楚大鸭业生产的宜城松花皮蛋正在通过电商渠道卖向全国。

　　任乐乐的松花皮蛋畅销的秘诀在哪里？带动就业，电商真有那么大的魔力？任乐乐的故事在地方乃至全国引起了不小关注。宜城市财政局副局长李海涛说："宜城的产业结构始终以农业为主，基本没什么工业和制造业，农民的转型再就业问题一直困扰着我们，楚大鸭业不仅打造了自己的品牌，开拓了市场，还有效带动了周边的就业和电商产业，目前已经成长为宜城乃至襄阳市的重点龙头企业。"

退伍兵变身电商达人

　　三年军旅生涯带给任乐乐的绝不止笔挺的身姿，还有倔强的脾气。

　　2011 年退伍时，他的父亲任玉保已是宜城市最大的养鸭户，周边农民跟着他搞养殖已经颇具规模。因为任玉保在养鸭带动农户致富方面的贡献，2015 年 4 月被授予"全国劳动模范"称号。

刚退伍的任乐乐却有点"轴"：世界那么大，我要去看看。他没有选择"子承父业"，而是南下去了深圳打工。但是没"轴"多久，看到父母临近年关还在为鸭蛋和鸭子的销售四处奔波，作为独生子的他还是放弃了在外闯荡的生活，于 2014 年回到家乡。

"刚回来也不能说是创业，就是帮老爹养鸭子、捡鸭蛋，全国各地卖鸭蛋。"任乐乐道出了当时的苦恼，家里生产的皮蛋、咸鸭蛋都很好，但周边养鸭的人很多，大家都为鸭蛋销路发愁，而传统线下渠道又会被客商压价。"2014 年腊月，我和父亲一起到外地要账，客户用各种理由忽悠，一分钱也不给。父亲怕得罪客商以后不好打交道，拉着我两手空空地回来了，特别尴尬。"

任乐乐在回家的路上告诉自己，这种落后的销售模式是时候改变了。

2015 年，他成立了楚大电商部，把自家的皮蛋、鸭蛋放到了网上。任乐乐的父亲、楚大鸭业董事长任玉保曾一度坚决反对，"我开始真的想不通蛋类怎么还能从网上买卖，不会破损吗？当时怎么都觉得行不通。"

父亲的担心是有道理的，任乐乐初次"触电"非常不顺。"开始时一个月只有一两单，这种情况持续了三个月，其间一直都有放弃的想法。"这时，一个"巧合"出现了。他为一个客商代发鸡蛋，一段时间内每天出几千单的货。他留了个心，就给这些鸡蛋的买家打电话询问他们在哪里下的单，也就是那个时候，他知道了新电商平台拼多多。

之后任乐乐专门到上海的一家电商公司系统学习电商的经营技巧，并根据自己的实际情况摸索销售经验。回家后，他就开了自己的网上店铺。

两次"交学费"带来的转变

正所谓思路一变天地宽。

楚大鸭业的发展开始提速了。2016 年初，公司网上订单大幅增长，到 12 月，公司月销售额达到 100 多万元。

2017 年端午节前夕，楚大的销售量迅速增长，每天都有 7000 多单皮蛋，但此时用于包装皮蛋的泡沫供应不上。有一次为保证按时发货，四处寻找也没有解决方案，直到凌晨才终于找到一家广东工厂愿意为其加班生产，但价格比市场价要高一倍，还要自己承担运费。

"尽管我们最终准时发货，但因为这次包装材料准备不足，损失了10 万元，我知道了生产物料要时刻准备充足，这学费昂贵但是很值。"任乐乐感叹。此时楚大鸭业自产的鸭蛋已不能满足需求，公司开始通过"公司＋农户"的模式，在保证品质的前提下让周边鸭农大量供应鸭蛋。

为保证品控，腌制后的成品皮蛋要经过清洗、烘干、分拣等多个机械化步骤

货源有了保证，看似公司的发展要步入正轨，但很快任乐乐又交了第二次学费，还险些让他付出生命的代价。

半年后的春节前夕，公司网销了5万多单，但暴雪天气让襄阳地区发货缓慢。任乐乐认为如果不能及时发货，不仅公司损失大，自己的信誉也受损，电商之路肯定难以为继。

"实在没办法，我和另外两个同事开着一辆长货车往武汉送货，由于道路结冰，车子撞上公路护栏，我们三个人直接从车顶甩了出去，摔在路旁的水沟里。幸好有这个小水沟，如果摔在了前后两米的位置，我们很可能没命了，至少是重伤。"任乐乐用丰富的肢体语言描述着仍然让他心有余悸的那次事故。

楚大鸭业电商部主任刘正忠也是当时的送货人之一，受伤最轻。"我马上打120，将受伤较重的同事送走，然后和任总继续想办法把这批货送到武汉快递中心。"

任乐乐说，站起来后发现自己受伤不重，照顾好受伤的同事后，第一个念头就是要接着送货。"我曾经是一名军人，给别人的承诺就是对我的死命令，必须要完成任务。"

这次意外事故让任乐乐开始反思：必须要让专业的人做专业的事，产业链上的每个角色都不可替代。于是，分工意识让他和多家快递公司达成战略合作，他也有了足够的底气参加了电商平台2018年的"双十一"活动。开抢前5分钟，线上订单量突破5万单，最高峰同时拼单人数达到了9000多人，"双十一"当天销售额高达100多万元。

截至2019年8月，楚大线上线下已累计帮助襄阳地区销售鸭蛋制品2亿多枚；2018年公司销售额达到7000万元，其中线上销售占90%以上，超过6000万元。"目前楚大的月订单量达到80万单，占整个襄阳地区电商发件量的1/5。"任乐乐透露。

电商孵化器成了"脱贫利器"

　　三年多的电商经营，让楚大盈利颇丰，但任乐乐说，做企业要长远，还是要有责任意识，他更想带着乡亲们一起致富。

　　50岁的邱红梅是楚大鸭业的包装主管，也是宜城市郑集镇的一位普通农民。来公司已四年，此前在广东打工多年，作为楚大电商发展的亲历者，她与维护机械和生产线的丈夫感触良多。

　　"我月工资大概四五千块钱，加班还另外有加班费，老公和我收入差不多，之前家里有9亩地，农忙时我们可以请假回去种地。今年把土地交给别人打理了，两口子专心在楚大上班，每年收入至少10万元。"邱大姐兴奋地说，"能在家门口挣钱，谁还愿意出去打工呢！我希望楚大每天的发货量越来越多，越忙越好。"

　　郑集镇党委副书记李钊表示，楚大对周边村和郑集镇的带动效应非常明显，目前已经成为镇上出了名的电商"孵化器"。

　　据了解，楚大鸭业目前已经提供了约200个就业岗位，包括贫困户和返乡创业大学生，带动了500多名农户从事养鸭产业，养殖规模突破了500万只。

　　李钊表示，目前不少在楚大工作过一段时间的大学生都逐渐选择了自己创业，去实现更大的价值："楚大培养了电商户，为产业发展奠定人才基础，所销售农产品有郑集镇的也有整个宜城市的，有效促进了农产品的上行。"

陈丽川：咸鸭蛋"触电"记

韩 啸

"要看咸鸭蛋的质量好不好，关键看蛋黄出油多不多。一般来说，蛋黄'爆油'就是好品质！"在广东省台山市一家咸鸭蛋生产企业的流水线旁，陈丽川兴致勃勃。由南方几家知名媒体联合广东省农业农村厅发起的"寻找广东新农人"活动，经过初选、网络投票和综合评审等诸多环节后，这位"85后"的创业小伙儿成了首批7位入选者之一。

"现在我们还在继续修炼内功，以更专业的运营来控制成本。市场竞争越激烈，越要为消费者提供品质好的产品，这是立身之本。"陈丽川得知自己入选后很开心，2019年第一季度，他在电商平台上卖出了1000万元的咸鸭蛋，让记者着实吃了一惊。

降成本，严品控，筑牢生产根基

陈丽川来自浙江丽水，父亲当年为了改善并不宽裕的家境，买了一批鸭子一路赶到广东，中途把产出的鸭蛋拿去销售，并最终在台山定居下来。慢慢地，陈家从最传统的鸭子养殖，逐渐做成了一家集养殖、饲料经销、鲜鸭蛋收购和蛋制品加工销售为一体的企业。目前，公司已经建起了两个农场，一年产出4000万枚鲜鸭蛋，在加工成蛋黄后供给广东、香港及周边地区，成为珠三角地区（含港澳）新鲜鸭蛋出货量最大的供应商之一。

　　2008 年，陈丽川接过父亲的班，开始经营家里的企业。他发现此前做鲜鸭蛋供应，鸭蛋时常会因为变质导致损失，且价格波动较大，利润率很低。于是他将企业发展的方向瞄准了咸鸭蛋市场。自有农场生产的鸭蛋虽然品质有保证，但数量上不去；扩大规模的成本高，必然导致经营风险加大，于是陈丽川在当地发展了 100 个签约农户，合同中详细规定其养殖细节，并通过提前下订单的方式收购他们的新鲜鸭蛋，制成咸鸭蛋后销往全国各地。

　　刚开始，他的咸鸭蛋定价偏高，陈丽川在线下找经销商时，闭门羹没少吃。"有一次我们到一个地方去跟经销商谈合作，发现当地的咸鸭蛋一枚比我们便宜了一毛钱，对于咸鸭蛋来说这是非常大的价差了，我们的产品没有价格优势。"

　　于是，陈丽川开始绞尽脑汁地控制成本。在采购方面，他沿用一直以来的做法，公司为农户提供饲料让他们养鸭子，其后向农户回收鸭蛋，提供饲料可以降低一部分采购成本；在咸鸭蛋的制作中，他花

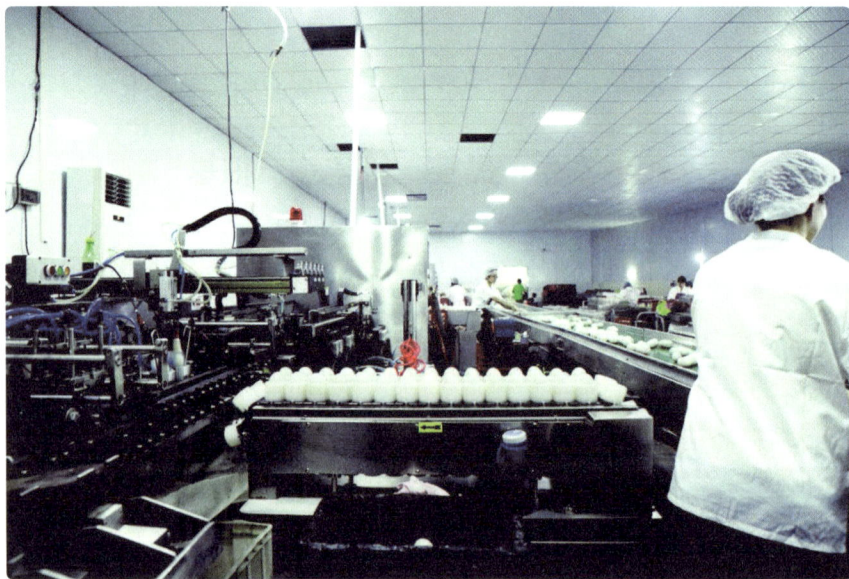

每只咸鸭蛋都要在120℃高温下蒸煮一个小时，才能进入包装环节

340万元购置了两条生产线，一条用于筛选新鲜鸭蛋，一条用于检查咸鸭蛋是否变质以及包装是否完好，每条生产线都顶得上十几名员工的工作量。

功夫不负有心人。陈丽川工厂的咸鸭蛋日产量达25万枚。生产线的改造，在每一枚咸鸭蛋的成本上都得到了体现，这样一来，陈家的咸鸭蛋反而比那些依赖人工生产的厂家便宜一毛钱。

从养鸭子，到机械化的咸鸭蛋加工，陈丽川的工厂完成了生产的全面提升，摆在他面前的就是销售问题了。

从线下到线上，销量催生品牌效应

"80后"的人对互联网有天然的亲近，作为一个农业经营者，又是"老网民"，陈丽川觉得电商能为自家的优质产品打开销售之门。2018年，他的咸鸭蛋进驻新电商拼多多平台。其实在这之前，他的团队已经试水了多家平台，但销售效果一般——大规模的流量必然要求资金投入，但对于刚刚完成生产提升的企业来说，手里并不怎么宽裕。"'拼模式'看上去很适合我们这些中小农户，没什么投入，但也没抱太大希望，就是试试看的心理。"起初，陈丽川也不以为意，公司产品在电商上的表现也确实不温不火。

然而，机会总是留给那些有准备之人，2018年8月，陈丽川的咸鸭蛋成了"多多果园"公益活动的一款产品，社交裂变的销售模式让之前"低调"的咸鸭蛋忽然之间爆了单，一天时间就卖出2万多单，营业额达45万元。这一天，陈丽川没有"迷失"在惊喜中，他和小伙伴们第一次开始认真考虑不同的"销售模式"所引发的巨大影响。

他和小伙伴们意识到，在这个基于"社交"的新电商平台上，自己的生产、供货模式还有诸多需要改进的地方。与传统电商靠搜索不同，新电商更强调人与人的互动，通过拼单、游戏等各种比较有趣的方式来裂变聚量，4 亿多消费者的需求集纳起来，量很大，成本却很低。

"我们线上推广的开销看上去其实也不算少了，但很有价值。生产成本降下来了，所以有资金去做推广。做线下销售的推广费要远高于此，但之前的实践告诉我推广的转化率并不一定高，不像在电商平台上这么'简单粗暴'。"谈及自己运营心得，陈丽川挺满意。

不知不觉间，2018 年陈丽川取得了 800 万元销售额的佳绩；2019年 1 月至 4 月下旬，销售额更是冲到了 1000 万元，超过 2018 年全年；最令人欣喜的是，他的团队经过悉心统计发现，平台上老顾客的复购率达到了 15%。

精简产业链，把利益留在农村

"最初做线下销售，大概是这样的一个流程：从农户手里采购鸭蛋后，卖给外地的一级批发商，他们转手给二级批发商，然后二级经销商再发货给当地的小加工厂制作，最后通过批发市场的商户销售。消费者购买商品的时候，已经经过层层加价，每个环节的参与者都不赚钱；现在我做电商，只有农户、厂家、消费者这三个环节，顶多再加一个快递费。不仅农户和消费者得益，我们收入也提高了。"

陈丽川给记者算了笔账：线下销售时，由于品类单一、与超市对接成本太高等原因，所以只能卖给经销商。60 克的一个咸鸭蛋成本 1元，卖给经销商 1.1 元，经销商卖给超市 2.5 元，港澳地区的价格更高。大部分利润都被经销商与超市瓜分，农民挣得自然就少了。自从在网上开店，中间成本大幅减少，海量流量促成销售迅速聚集。目前和他签约的农户每年至少可以有 20 万的收入。他的工人计件算酬，工资从税后月入 3000 元基本都涨到了四五千元。

同时发生改变的，还有大量精力的节省。以前做线下销售，陈丽川的团队要对接多个经销商，经常劳而寡功，现在团队只需对接好平台即可。"因为销量大，我找其他厂家买泡沫也便宜多了。"对于电商的包装和运输，泡沫是重要的一部分，以前和陈丽川合作的厂家专门为他开了一条生产线，每个月光泡沫就要产生 100 万元的交易额；除此之外还有一家工厂专门开了一条生产线为他生产真空包装袋，每月产生的营业额为 70 万元。

陈丽川拓展的脚步并没有停止，以前他费尽心力把咸鸭蛋卖到贵州、四川等地，如今却再也不用刻意去迎合"坎坷"的线下渠道了，电商上的巨大销量又一次给了他惊喜，在 2019 年春季一次推介活动中，一批经销商主动找到陈丽川要采购他的咸鸭蛋，闻风而来的采购商，正是被巨大的销售额、不俗的回购率所产生的品牌效应吸引；不知不觉间，线下渠道也畅通了。

"现在我深信，农业领域最难的就是做品牌，这也是我一直梦寐以求的事，以后企业的发展就应该围绕品牌来做，这家平台的潜力还有很大的挖掘空间。"陈丽川笑着说，"年初我们定下的年度目标销售额是 2000 万元，我已经将它改为 4000 万元了。"

程慧：电商"头雁"带富乡亲

赵良英　夏雨花

为期 5 天的湖北省"巾帼电商培训助扶贫"专题培训班在广水市结束。来自全省 37 个重点贫困县的 50 名学员，集中学习农村电商运营技巧。

此次培训由湖北省农业农村厅和省妇联联合主办，依托广水市旗峰电子商务有限公司开展。这家由广水市农家妹程慧一手创办的公司，成立至今刚满 3 年，目前已推出多个"爆款"农产品，并承担起培训农村电商人才的重任。

2019 年 3 月下旬，广水市郝店镇铁城村第一届桃花节刚刚开幕，联系程慧预订胭脂红鲜桃的客户便络绎不绝。

从 3 年前低价贱卖无人问津，到如今客户争相抢购，广水特产胭脂红鲜桃的"命运"天壤之别。市场行情变化的背后，离不开程慧的辛勤付出。

2016 年之前，程慧在沿海大城市拼搏多年并小有所成。然而天有不测风云，一直想让女儿回乡的父亲，因一场车祸突然离开了人世。为了完成父亲的遗愿，刚满 30 岁的程慧，回到广水做起了和电商平台共赢共建的合伙人。

最初，程慧帮农民在网上购买性价比高的产品，偶尔做些农产品外销。后来，她发现当地不少优质农产品因没有品牌和销售渠道而贱卖，很是可惜，便暗下决心：要通过自己的努力改变这一现状。

程慧打造的第一个"爆款"农产品便是胭脂红鲜桃。线上，联系"村淘"等相关平台，一家家去推销；线下，顶风冒雨跑客户，展示图片和实物。在她的努力下，订单接踵而至。2018年，胭脂红鲜桃单价已跃升至2016年的2倍多，还供不应求。

3年来，程慧带领旗峰公司专注优质农产品，成功策划了"黑猪西施""一个萝卜娶一个媳妇"等品牌，打造出一个又一个"爆款"农产品：广水松淳蛋业单日成交皮蛋30万枚，荆州甘蔗三天卖出1万多箱，孝感禾丰大米日销4000单……越来越多的农业企业和养殖大户找上门来寻求合作。

2018年初，随县吴山镇联建村第一书记沈燕找到程慧，请她帮忙销售黄牛肉。当地散养的土黄牛，是枣北牛品种。放牧人春天把牛群赶到山上，牛儿自己吃草、喝水、睡觉，直到冬天才回家。尽管牛肉品质优良，但由于销售渠道不畅，多年来只在周边村落散卖，均价32元/斤左右。

程慧团队加入后，精心策划"牧枣牛"品牌，实地拍摄《一年只回一次家》短视频，将牛的生活环境、习性传播出去，点击量超过300万次，积累会员超过5000人。如今，"牧枣牛"市场价涨至88元/斤。就连周边地区的牛肉价格都整体上涨到46元/斤。

2018年，旗峰公司农产品销售额达1.3亿元，向全国发出335万个农产品订单，带动800余户农民扩大种植养殖规模。

在别人眼中，程慧已然是"成功人士"，但在程慧自己看来，这还远远不够。

2017年大年初一，广水市委领导来到该市城郊街道办事处城西村"村淘"服务站，给程慧等电商创业者拜年并现场解决问题。临别时，还勉励她："希望你能带动更多返乡农民工创业！"

这句话，程慧默默记在心里。

　　两年多来，程慧走南闯北，组织了 200 多场创业培训，给近万名农民讲过课，成为湖北省新型职业农民培育导师团导师。去年 12 月，全省首家新型职业农民培育示范基地在旗峰公司揭牌，程慧同时被评为 2018 年度湖北省"百名杰出新型职业农民"。她创办的智慧旗峰电商培训学校，每年可为农村电商发展输送 3000 名优秀实用型人才。

　　今年 26 岁的随县小伙儿王志强，便是程慧从培训中发掘出的优秀学员。2016 年底，王志强退伍回乡后，准备前往新加坡担任健身教练。一场突如其来的车祸，让他的事业瞬间停滞，就连生活自理都成问题。军人不屈的意志让王志强不甘沉沦，他开始尝试电商创业，在网上代售服装。

　　2019 年 1 月，程慧带着智慧旗峰的优秀导师到随县开办电商培训班，王志强坐着轮椅顶风冒雪每天坚持去上课。程慧被他的坚韧毅力和认真态度深深打动，主动在微信公众号和抖音等平台帮他宣传。

　　因为程慧的大力推介，王志强的客户迅速增加。如今，他每天忙得不亦乐乎，不仅代售服装，还销售土蜂蜜、土鸡蛋等农产品。

宋小霞："乐村淘"把庄浪农货销粤港

张　婧

入秋后的傍晚时分，天蒙蒙黑。宋小霞依旧在地里分拣、过秤、开票、掏钱……从她手中接过钱的果农们喜悦之情溢于言表，说上门收购既减轻他们的劳力，又高于市场价格。

收购结束，宋小霞返回工厂忙着卸货装箱，"早熟的苹果逐渐上市，电商平台上线第一天，就有了70多个订单"。依照往年，中秋节后的1个月，当地苹果大范围上市，这将是她最忙碌的时候，5点出门，11点回家，方便面成了寻常的午饭。

2019年，42岁的宋小霞是甘肃省庄浪县水洛镇吊沟村农民。庄浪县隶属甘肃省平凉市，地处黄土高原丘陵沟壑区。自幼家庭贫困的她14岁便走出家门，做缝纫、拉砖头、当导购……"没少吃苦，但同时，我也增长了不少经商经验。"

在北京服装厂打工期间，宋小霞干了6年缝纫技工，有了这一经历，返乡后的她凭借多年打工积攒的资金，做起了服装零售生意，她先后经营过13家服装店。

可正当她生意越做越红火时，互联网迅速发展，其衍生而来的互联网经济也相应而生，这对经营实体店的宋小霞来说，却是严峻的考验。

宋小霞开始琢磨这个于她来讲既具有"冲击性"，又带有一丝陌生感的新鲜事物。2015年，从"乐村淘"电商平台发现商机的她多次外出培训、考察市场、系统学习。

　　庄浪县土层深厚，土质疏松，适合苹果树生长。近年来，该县在果品产业开发中推广树形改良、果实套袋、配方施肥、单果管理、病虫害综合治理等实用技术，果品优果率高达70%。"庄浪苹果、马铃薯、胡麻油等农副产品享誉省内外，如果能打开网络销路，不但自己能赚钱，还能解决农户们的销售难题。"次年，她利用电商平台，作为自己再次创业的"跳板"。

　　宋小霞还发展乡镇店铺加盟"乐村淘"，"给原始店面改造升级，统一配置电子商务设备，并对其免费培训网络运营技术"。截至2019年9月底，已有285家"乐村淘"线下体验加盟店，几乎实现该县行政村全覆盖。

　　通过线下体验店，她一方面收集农户有售卖需求的农副产品，高于市场价上门收购，平台销售；另一方面，该体验店也成为当地没条件上网村民们的生活网购窗口。

　　2017年，她彻底打开庄浪农产品在深圳、广州、珠海、香港等地市场的销售渠道，越来越多的庄浪农副产品通过网络销往全国各地。她说："仅去年一年，线上交易额达到780多万元，其中，苹果销售额就有400多万元。"

　　"我与农户直接达成供销关系，没有中间商，消费者获得低价农产品，种植农户还有高效益。"到卧龙镇收苹果的她告诉笔者，"早熟季数量不多，农户们就成筐送来，当日的收购总价达到3万元。"

"陇上刘叔叔"带着乡亲"发羊财"

韩 啸

"山童水劣，罕世渔樵。"

苍凉的八个字，是县志里记载的甘肃省庆阳市环县。这个地处毛乌素沙漠边缘、气候干旱的县城，被黄土高原深处的丘陵沟壑包围。干旱和贫穷曾长期困扰这里。

据史载，环县当地人的祖先是属于游牧的西戎民族，随着与中原地区交往日增，才逐渐演变为半农半牧地区。时至今日，"念羊经、发羊财"依旧是环县经济发展和群众脱贫的主导产业。

2018 年，环县毛井镇杨东掌村村民刘国宁和张宏波打造的"陇上刘叔叔"品牌，通过电商平台卖掉了 1 万只羔羊，带动周边 135 户村民共同闯市场。记者来到甘肃省环县，去探访刘国宁"发羊财""念羊经"的故事。

走"羊"路，念"羊"经，电商创业的"上阵父子兵"

环县养羊历史悠久，是甘肃省 18 个养羊大县之一，以陇东黑山羊、环县滩羊为代表的环县羊羔肉品质优良。2013 年，"环县羊羔肉"地理标志商标成功注册，羔羊的品质进一步被认可。

"一边是窝在家里的好东西，一边是走不出大山的困扰。"环县县委书记柴春介绍说，"发展农村电子商务，既是脱贫攻坚的需要，也是促进农民增收的需要。"

刘国宁是环县毛井镇杨东掌村人。2012 年的一天，在青岛做电商的他接到父亲刘仲明从老家打来的电话。那年环县周边的羔羊市场不景气，在家搞养殖的刘仲明羊肉卖不出去，于是父子俩就琢磨能不能把自家养的羔羊放到网上销售。

"我养羊已经有 30 多年了，可还是经不起市场变化。"刘仲明回忆道，"那时候就是试一下，看看电商到底有没有效果"。

于是刘国宁从青岛回到老家，在几个电商平台开起了店帮父亲销售羊肉。没过多久，父亲养的羊总算是都卖出去了，利润虽然有限，但也比卖给其他羊贩子要省心不少。2015 年，父子俩办起了环县富达养殖专业合作社，不仅进一步提升了养殖水平，刘仲明也开始到周边村镇收羊，想在网络上进一步打开市场。

对刘国宁来说，他始终认为做电商不应该是简单地把东西从线下拿到线上去卖。"我们县的羊羔肉肉质鲜嫩，瘦而不柴，极少腥膻味，是上等的食材。但由于交通环境影响，且没有自己的品牌，很难外销，如果能借助电商平台向外推广，一定可以把市场做大。"

"还是要提升产品影响力，突出特色，实现标准化，把品牌附加值做出来。"多年好友张宏波说，他和刘国宁的想法不谋而合，于是在 2015 年，两人共投入 15 万元，创建了"陇上刘叔叔"品牌，主要就是销售环县本地的"滩羊肉、黑山羊肉"等特色优质羊肉。

降成本，孵品牌，从"应激式"变为"造血式"

2016 年，刘国宁接触到了电商的扶贫助农项目，在相关团队的支持帮助下，刘国宁为"陇上刘叔叔"注册了商标，并通过订单养殖的方式，与周边 100 多个贫困户签订包销协议。刘国宁明确要求所有供

刘国宁的团队正在通过顺丰快递将新鲜羊肉发往全国各地

货农户的羔羊都必须采用高山放养、不喂饲料的养殖方式。收购完成之后，这些羔羊被统一送到指定的屠宰场进行屠宰、检验，然后经过切块、速冻运到位于县城的冷库中。

每天下午，根据订单情况配送员会将从冷库拉过来的新鲜冷冻羊肉进行包装处理，打印订单信息、真空包装、用保温袋包裹。

"下午5点前下的单，当天就可以通过顺丰速递空运发货，而且保证是当天宰杀的新鲜羔羊肉。"刘国宁说。

"目前，我们的客户群体主要是中老年顾客，年龄区间在30到60岁之间，他们对产品的品质比较在意，并且时间相对充裕，挑选仔细，消费农产品的欲望更强烈，关键是他们现在都学会了用微信，不用绑定银行卡，用微信红包、零钱就可以直接消费。"刘国宁说。

以前是"人找货"，现在是"货找人"。在大数据和算法的支持下，供需两端的诉求被无缝对接。再加上社交裂变本身的流量优势，电商平台提供了成熟的帮扶机制，深入农业供应链最上游的体系中，不断帮助中小农人商家降低运营成本，提高供应链效率。

与此同时，在形成规模优势后，电商扶贫项目组会专门帮助其对接包材、物流公司，能够有效控制价格，真正让利给农民。

"以前刚开始贩羊的时候，一只羊也就赚个十来块钱。现在尽管高于市场价格收购，一只大羊还能赚一百多块钱。"刘仲明坦言。

目前，刘仲明的收购价格要比市场平均价格高 8%，他报价之后卖家几乎就不会再还价了。养殖户如果把羊拉到集市上去卖，最多只能卖每斤 15 块钱，上门来收却至少能卖到 16 元一斤。一只 60 斤重的羊卖 960 元，卖家很满意。

2016 年，"陇上刘叔叔"入驻电商平台的第一年，实现销售额 100 万元；2017 年销售 300 万元；2018 年达到 1000 万元，按平均每只羊 1000 元计算，"陇上刘叔叔"一年就卖掉了 1 万只羊。

平台相关负责人表示，解决农货滞销的"应激式扶贫"已经不是长久之计，"造血式"扶贫最根本的还是要帮助更多的农民，闯出品牌、提升产品价值。

在未来 5 年内，平台还将在贵州、甘肃、西藏、青海、新疆、海南、宁夏等 8 省（区）落地 1000 个示范项目。这些区域大多存在不同程度的贫困问题，通过培育像刘国宁这样返乡创业的青年人，孵化出了"陇上刘叔叔"等一批"拼"品牌。

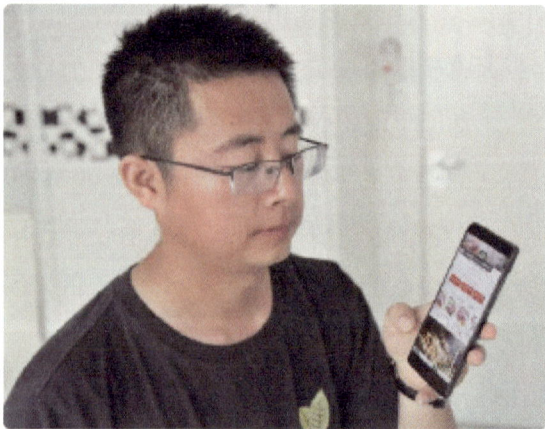

刘国宁正在展示他的小店"陇上刘叔叔"

打造高效供应链，将"带富"进行到底

在跟随刘仲明收羊的过程中，记者见到了养殖户刘怀龙，他75岁的老父亲由于脑梗导致半身不遂，前前后后花掉的医疗费和生活费有30多万；再加上家里要供两个大学生，负担很是沉重。他养的几十只羊成了一家五口人的重要生活来源。

"以前卖羊要走十几里的山路到集市上去，而且人家说是什么价，就是什么价，现在不用出门也不用谈价了，他们收的价格都比市场价要高。"刘怀龙说。

刘国宁说，仅2018年，富达养殖专业合作社的社员们平均每户增收4200元。2019年，合作社已经与135户村民签订了养殖协议，其中近一半是建档立卡贫困户。对于这些贫困户来说，销售不愁，养羊的信心更大了。

据拼多多2018年的扶贫助农年报披露，2018年在该平台上注册地址为类似于甘肃环县这样的国家级贫困县的商户数量超过14万家，商户订单总额达162亿元，经营类目以农产品和农副产品为主，带动当地物流、运营、农产品加工等新增就业岗位超过30万个，累积触达并帮扶17万建档立卡贫困户。

与此同时，带动的返乡就业青年人超过5万人，其中"80后""90后"的比例达到96.11%。而这些返乡创业的农人店铺在平台的帮扶下，取得了快速成长，2018年一年的营收增幅比例超过56%。

对此，中国社科院中国社科评价研究院院长荆林波认为，精准扶贫的根本在于让农民具备自主经营、自力更生的能力，而拼多多等社交电商通过扶持"新农人"，提升农村劳动力素质，促成农业产业链的"造血"机制，抓住了精准扶贫的核心问题。

消费扶贫篇

抗疫情保增收　电商扶贫发力

邓保群　韩　啸

近年来，电商成为脱贫攻坚的重要手段。与传统农村交易相比，电商减少了中间流通环节，降低了流通成本，提高了农民的利润空间，解决了生产者与消费者之间信息不对称的问题，使农民能够及时掌握市场行情，将农产品卖到各地，实现增收脱贫。

2020年3月6日，在决战决胜脱贫攻坚座谈会上，习近平总书记强调，要切实解决扶贫农畜牧产品滞销问题，组织好产销对接，开展消费扶贫行动，利用互联网拓宽销售渠道，多渠道解决农产品卖难问题。

为了减少新冠肺炎疫情影响下农户的损失，近期，从中央到地方，都积极行动起来，进一步拓宽电商扶贫路径：中央各部门整合资源形成合力，出台了一系列相关政策；各地领导干部直播带货，为当地农产品代言；各大电商平台纷纷发力，搭建农产品上行稳定通道；农户发挥主观能动性，学习电商技术，增强致富能力。整个大环境已形成"人人皆可为、人人皆能为"的电商扶贫浓厚氛围。

政策措施保驾护航，干部带货火力全开

打造电商扶贫新引擎，必须有政策措施加持，以此推进网络覆盖"最后一公里"，疏通农村电商"航道"，完善物流体系，加大推介销

售力度，让"互联网+"技术一头连着贫困地区，一头连着消费市场，为前者的优质农特产品提供稳定可靠的销售渠道。

3月，中央网信办、国家发展改革委、国务院扶贫办、工业和信息化部联合印发《2020年网络扶贫工作要点》，明确了工作目标：2020年底前，进一步提升网络覆盖质量，全国行政村通光纤、通4G比例达到99%，贫困村通宽带比例达到99%；电商服务通达所有乡镇，快递服务基本实现乡乡有网点，电商帮扶贫困户增收作用更加明显；完善信息服务体系，持续深化网络公益，构建起人人参与的网络扶贫大格局。

紧接着，国家发展改革委印发《消费扶贫助力决战决胜脱贫攻坚2020年行动方案》，28个部门联合开展消费扶贫，在扩大消费规模、打通流通"瓶颈"、提升贫困地区产品和服务质量等方面协同作战，打通消费、流通、生产各环节制约消费扶贫的痛点、难点和堵点，积极开展产销对接，最大程度化解疫情对脱贫攻坚战带来的不利影响。

不只有政策措施的保驾护航，近期，全国多地掀起了一场地方领导干部直播带货的风潮，他们走进直播间，使出浑身解数，帮助贫困户、农业企业打开销售局面。

3月21日，安徽省临泉县政府领导成了"金牌销售主播"，身着围裙的他，在直播间里制作当地特色美食凉拌芥菜，他手法麻利，给切丝的芥菜佐上红辣椒、香菜、麻油，与当地特色黄牛肉一拌，色香味俱全，把网友们看得口水直流。短短一个多小时，他所在的直播间涌入22万网友，成交2.7万单，将备好的芥菜卖断货，销售额达150多万元。

仅3月份，安徽省有近10位县长走进直播间，为当地农产品奋力吆喝。

"古辣香米国家地标，品质纯正、绵软柔香，到宾阳尝香米，稻花香里欢迎您！"摆好镜头，打上灯光，广西宾阳县有关领导很快进入"超级推销员"角色。3月21日，在宾阳县举办的这场古辣香米直播电商带货活动中，花样试吃、互动抽奖，两小时内吸引30多万人次在线观看，累计成交额66.9万元。

据不完全统计，截至3月30日，广西境内已有40名县市主要领导干部为农民直播带货。前不久，在江西省，当地有60位县长、市长在网络直播带货。山东省曹县、寿光市、惠民县、临沭县等地，领导干部也纷纷到网上"收割流量"。

各大平台齐发力，扩容电商产业链

疫情期间，多家电商平台纷纷开辟电商助农专区，在全国范围内收集滞销农货信息，并搭建农产品上行的稳定通道。

2月6日，淘宝在全网率先启动"爱心助农"计划，为包括湖北在

云南晋宁的一位花农正在采摘玫瑰。疫情期间，电商平台通过直播拼团的方式助力云南鲜花产区解决滞销难题

内的 20 多个省份紧急打通农产品数字供应链，覆盖 1900 多款农产品，并启动 10 亿爱心助农基金。

在山东日照，本应在元宵节后 40 天迎来收获的日照海虹的线下销售几乎停滞，农户面临沉重经济压力。当地种植户李业名说："我们现在就是和疫情抢时间、和天气抢时间，能卖多少卖多少。" 2 月 14 日，淘宝平台在收到求助后迅速反应，第一时间联系地方政府为物流车辆开设绿色通道，并在 2 月 19 日将日照海虹在爱心助农专区上线销售。上线 6 天后，日照海虹实现"爆单"销售 30 万斤，解了农户燃眉之急。

京东扶贫馆洪湖馆的负责人汤斌没想到，这家受疫情影响严重的店铺，在 4 月 1 日实现了"爆单"。过去两个月，这家主营当地小龙虾、藕的店铺几乎停摆，直接经济损失 70 余万元。4 月 1 日，洪湖扶贫馆参加了京东"买光湖北货"活动，店铺当日订单量超过 1 万单，是 3 月日均销量的 200 多倍，远超疫情前的水平。

2 月初，在获悉海南哈密瓜陷入滞销风险后，阿里数字农业、菜鸟网络、淘宝吃货、天猫农场、淘宝直播等团队共同参与，重新打通了整条海南哈密瓜的供应链，3 天后，全国"吃货"上天猫买空了 500 吨来自海南的滞销蔬果。

在大力推进农产品上行的同时，各电商企业还充分挖掘平台、技术、销售上的资源优势，构建"造血"式扶贫机制，将更多农业从业者纳入电商产业链中，并结合地方特色打造农业品牌，实现农业产业的结构性升级。

4 月 2 日，云南怒江州泸水市的一堂网课别开生面，拼多多的电商销售团队在上海的直播间里化身"带货导师"，通过网上授课的方式为当地 2000 多名农人传授营销技术，主要包括"如何在电商平台上开网店""特色农产品怎么做到优中选优"等。

就在不久前，拼多多团队走进泸水市老窝村，结合当地的地理、气候和土壤等条件，为当地农人选择适应高山峡谷地理特性的晚熟沃柑与当地上百年种植历史的香橼套种，打造"泸水橘橼"品牌，并引入水肥一体滴灌技术等现代化种植手段，邀请中国工程院院士邓秀新领衔的院士工作站为当地农户提供技术支撑。

搭乘电商快车道，农户增收农业升级

"吃过饭没事了，就到电商服务点来分拣大蒜，一天能挣八九十块钱。"在河南省杞县杨屯村电商扶贫服务站务工的贫困户魏孝真说。

在疫情防控期间，这个服务站务工的贫困户有 26 人，他们签订了务工协议，实现家门口就业，人均月收入 3000 元左右。作为全县电商扶贫的典型模范，杨屯村电商扶贫服务站租用该村扶贫车间，采用电商销售、合作社参与、农户受益的"电商＋合作社＋集体经济"扶贫模式，每年向村集体支付 7 万元租金。

当前，像杨屯村这样的电商扶贫服务站在全国越来越多，增加了农民创业与就业机会，使扶贫工作实现从"授人以鱼"到"授人以渔"的转变，也为农村电商提供了持续的支持和动力。

实际上，在现有的政策环境中，电商扶贫不仅导入农业生产要素，同时也改善农村市场经济环境，在"扶志扶智"方面具有先天优势。

"90 后"傅广洁五年前是黑龙江省延寿县玉河乡农村淘宝服务站的"村小二"，开业初期，在年久失修四处漏风的服务站，她每天凌晨 4 点就起来生火烧炕，只为让服务站暖和些，让村民多坐一坐、看一看。她还经常顶风冒雪、走家入户，不厌其烦地讲解村淘下行代购服务。

两年多时间里，她经营的服务站累计为村民代购代销商品销售额达 2000 余万元，辅助农户农产品增收 80 余万元，帮助本地农产品开设网上店铺 16 个。她与海南现代农业示范基地的专家机构做了对接，计划在延寿培养并定向向上海、海南、山东等地的现代农业基地输送技术农民实现推荐就业。

电商扶贫是决战决胜脱贫攻坚的一个抓手。一方面，通过电商赋能农业，扩容产销渠道，对农户脱贫增收有直接的积极作用。另一方面，电商与传统农业的嫁接，能够倒逼生产水平的提升，助推农业生产方式改进，提高农产品的质量，在农业产业体系更新升级过程中，实现小农户与现代农业发展的有机衔接。

流量来临，供给侧当如何发力

郭少雅

"养在深闺人未识"的瓶颈得以解决，走上网络平台迎接着滚滚流量、变身"爆款"的贫困地区农产品，能否真正成为贫困群众赖以致富的支柱产业？记者走访北京、四川、广西等地，一些地方扶贫干部和贫困群众讲述了"爆款"背后的故事，其中有经验值得推广，更有一些具有典型意义的"短板"需要补齐。

当流量来临，供给侧当如何发力？

确保品控　让"网红"名副其实

如果此时，你在淘宝上输入"广安龙安柚"几个字，可以看到大部分的店铺都处于"售罄"状态。龙安柚是大自然给四川广安人的馈赠。早在20世纪90年代，龙安柚就因其鲜嫩多汁、色泽红润而在国际国内果品展销会上多次斩获奖项。广安区龙安乡群策村是广安柚的发源地，群策村村支部书记冯宗华告诉记者，群策村800多亩果园的柚子自从2016年搭上电商扶贫的快车后，再也没有愁过卖，每年11月份的柚子节，村里会被城里来的车子堵得水泄不通。最好的柚子，4个一箱加运费卖到119元还供不应求，"经验丰富的老果农，有的一年靠柚子收入十六七万元没有问题"。

但并非所有的"龙安柚"都可以撑得起"爆款"的品质。同样处于

"甜橙适宜区"的广安区其他几个乡镇，龙安柚的价格一直上不去。当地村民分析原因，这些乡镇的龙安柚种植普遍集约化程度低，能达到6公顷以上的种植户并不多，导致种植和管护标准不统一，加上有些间种了柑橘等，串花现象难以避免，果子在外形、颜色和口感上就存在参差不齐的情况，"就算短暂借势，在网上火一波，也没有办法维系长期的好价格，以及线下的大批量走货"。眼下，广安区正建设和完善龙安柚标准化生产基地，以期龙安柚这一"爆款"可以实现规模化和标准化的量产。

农业农村部扶贫办相关负责人在整理产业扶贫、电商扶贫的案例时提出了这样的观点："在电商上卖火了的扶贫农产品，要持续富民，一定绕不过标准化生产这一关。要引进龙头企业，进行统一管理，并利用农村电商，进行品牌管护和搭建销售平台，面对滚滚而来的流量，就是面对大量的网民监督，这时候尤其要重视品质把控，不能让少量劣质农产品坏了好不容易打出来的招牌。"

如果"爆款"本身由于特殊性，无法实现规模化生产，提高产量呢？中国农业大学教授李小云在云南西双版纳的勐腊县河边村进行扶贫实践时，曾在"小云助贫"的微店里对地处热带雨林的河边村的"雨林鸡蛋"进行了成功的营销，一个鸡蛋卖到了10元钱，被李小云的朋友们戏称为"小云金蛋"。李小云坦言："由于要保证原生态的品质，保护天然生态的品牌，'雨林鸡蛋'的规模无法扩大，实现不了量产，我们针对会员进行订购鸡蛋的模式被控制在非常小的范围内。"

虽然无法成为支撑乡亲们走出贫困的主要支柱，"雨林鸡蛋"还是为河边村带来了一定知名度和美誉度。后续随着河边村建成了以"瑶族妈妈的客房"和相应配套设施建设为主体的文旅结合支柱性产业，河边村的"雨林鸡蛋"和冬瓜猪等产业成为村庄的辅助性产业，共同为河边村的摆脱贫困发挥着作用。

健全冷链物流　让"爆款"安全抵达

位于密云水库之畔的燕落村，是北京市有名的低收入村。每年 9 月开库，肥硕的水库鱼在抖音上活蹦乱跳的视频，引得北京市民纷纷前往购买。"水库鱼好，却在成为燕落村村民的致富鱼上差了点劲。"在燕落村担任第一书记的谌应新说，由于物流体系不发达，想吃水库鱼的北京市民得专门驱车几十公里来到燕落村吃农家乐，渔民们在短暂的开库期每天能打捞到大量的鲜鱼，农家乐一时消化不掉的，就只能摆在路边坐等买主。

2018 年，这一情况有所好转，密云水库三宝小银鱼、噘嘴鱼、胖头鱼在北京盒马生鲜的 16 家门店同时上架销售，借着盒马生鲜强大的物流体系，好鱼终于能走上更多人的餐桌。"如果物流体系再发达一些，密云水库鱼应该能走得更远。"谌应新说。

同样的情况，发生在四川省贫困县古蔺县。2018 年 8 月，40 余名网络达人共同发布 98 篇关于古蔺县脆红李的推广文章，三天时间内，文章点击量超过 200 万，网销脆红李 42381 单，超过 21 万斤，3000 多户建档立卡的贫困果农家庭因此获益。古蔺县政府领导在抖音上为乡亲们的脆红李代言的视频更是刷爆了朋友圈。网友的评论中，大量网友为网络达人和县长的行为点赞，称赞古蔺县的脆红李品质优良。但同时，也有些购买了脆红李的网友留言说，"果子寄到已经开始烂了，我接受了，但是不太开心"。

贫困地区的一些农产品之所以能够成为"爆款"，很大一部分原因就是因为地处偏远，产品并不被大多数消费者所熟知。产品的"独特性""新奇性"本身就具备吸引流量的属性。但如何让"新奇"和"新鲜"同时到达，可能这个痛点的解决，比打造一款网红产品更具有挑战性。

　　四川省政府口岸物流办有关负责人认为，物流成本高，是制约扶贫产品销售的难点痛点，也是必须攻克的焦点。针对贫困地区农产品上行物流体系建设的长远问题，四川省正在凉山、阿坝等贫困地区建设农产品物流园区、产业园区以及冷链仓储和农产品集中配送中心。

　　农业农村部负责产销对接的相关工作人员告诉记者，网红农产品往往在一个短时间内吸引了大量流量，物流体系的结构性短缺就有可能给刚刚培育起来的特色扶贫农业产业造成影响，一来，希望消费者能够给这些正在成长中的产业一点时间，二来当地政府和各帮扶力量应当在流量来临之时做好应对方案，尽量调配组织好各类资源，帮网红农产品一起度过并且利用好"风口"。

适应商业生态 　"流量"过后更要留住人心

　　今日头条平台上的"巧妇9妹"甘有琴，通过拍摄原汁原味的农家短视频走红，进而在很短的时间内，帮乡亲们预售出了10万斤水果。

农民网红"巧妇9妹"甘有琴

有数据显示，2018年广西1/4的顺丰荔枝订单都来自"9妹"所在的村庄广西灵山苏屋塘村。

短视频带来了流量，但成就"巧妇9妹"成为乡亲们的"带货王"的，却不得不提到背后的"九哥"。"九哥"是"巧妇9妹"的爱人，由于外出打拼时曾有过企业管理经验，当"巧妇9妹"的短视频在平台上走红，接到今日头条平台发出的开设"山货放心购店铺"的邀请后，"九哥"包揽了采摘、运输、包装、物流等一系列后勤工作。从"巧妇9妹"的店铺卖出去的水果，不仅规格统一，还大多配发了一次性水果盒和开果器，山区老乡的热情体贴和产品的精细标准同时得以体现。不仅如此，"巧妇9妹"更是十分看重粉丝们的评论，每天成千上万条的评论，她尽量回复的同时，还把粉丝们的建议及时结合到视频的制作和产品的改进中去。

今日头条扶贫达人训练营的相关负责人告诉记者，扶贫训练营每期免费招收1000名学员，但真正能够拿到毕业证的，最多只有1/2。而真正在网络平台上成为扶贫达人的，数量就更少，"打造网络爆款的要素，不仅仅是大山里的好山好水，还要求我们的农民朋友提高产品质量和服务质量，更要适应商业生态"。

网络平台将贫困地区的好风光、好产品推到人们的视野之内，带来了流量和机遇的同时，也带来了挑战。由于不适应商业生态而惨遭滑铁卢的例子不是没有。

以旅游产业为例。被综艺节目带火的雪乡一度成为网红景点的代名词，却因为服务不到位、价格体系混乱等问题引发一系列负面新闻。如果能够不仅仅盯着自身拥有的好风光做价格文章，而是借着被关注的时机，为消费者提供丰富的旅游项目和商品，提供良好的体验，拓展自身的业态，从整体上提升供给侧的品质和内涵，大山里的好风光大有文章可做。

　　电商扶贫专家、国家"十三五"规划专家咨询委员会委员汪向东认为，越贫困的地方产业链越粗放，在产品、供应链上承接能力不具备，需要在供给侧上去提升自己，去适应网络带来的流量红利，"贫困地区无论是农产品还是农旅服务，都存在着大量升级创新的空间。要让好风光给人们留下来了还想来的好印象，还需要乡亲们在服务品质上多做提升"。

助农止损保收　我们"拼"了

韩　啸

"如果再不想想办法，洋葱就要烂地里了，我们一年的心血就白费了。"2020年2月10日上午，一条云南省建水县紫皮洋葱商户王耀忠发来的求助信息，引起了某电商平台"店小二"的重视。

王耀忠常年在线上经销云南当季时鲜蔬果，建水县的紫皮洋葱是他的"拳头产品"。受新冠肺炎疫情影响，原本应在春节前后进入畅销季的紫皮洋葱销量惨淡。

接到求助信息后，该电商平台工作人员立即与他联系，将其产品

云南建水县的种植户通过电商平台将滞销洋葱打包销售

拉进了平台开设的"抗疫开拼，爱心助农"活动中；在平台技术支持下，王耀忠还开了直播，短短两个小时有近 30 万网友观看，共销售出近 10 万斤洋葱。截至 2 月 12 日，王耀忠总共卖出 22.2 吨紫皮洋葱。

平台开"拼"，无花果有出路了

和建水县的紫皮洋葱面临同样困境的还有云南楚雄和西双版纳的无花果。

"今年楚雄和西双版纳气候条件好，无花果产量比往年高，品质也更好，农户们都盼望今年能有个好收成，没想到暴发新冠肺炎疫情，要陷入绝境了。"无花果商户宁强表示。

宁强开设的店铺主营商品是产自云南楚雄和西双版纳的红皮无花果，疫情同时影响了供销两端。"一边是消费者询问今年的果子什么时候上市，一边是我这边的果子卖不出去。"宁强说。

"云南无花果大多是秋果，每年秋天开始成熟，春节前后进入热销，刚好可以和其他地方的错开销售时间。"宁强说，他在楚雄元谋县元马镇和西双版纳景洪市勐养镇，各有一个 50 亩的无花果基地，每年产量大约 200 吨，此外还稳定向 170 余户种植户收购。

每年春节期间，都是宁强的店铺主销无花果的季节，一个销售季至少能卖 300 多吨。受疫情影响，从春节至今，总销售量还不到一吨。

无花果保质期非常短，采摘之后只有 10 天的保质期，容易腐坏变质。采摘后卖不出去，只能堆在田间地头，等着烂掉。宁强亲眼看到农户不得不把因为滞销产生的坏果倒入河里，很是心疼。

2 月 10 日，宁强向电商平台求助，当天下午就参加了"抗疫开拼，爱心助农"活动。宁强的网店三天销量超过 3200 单，卖出一万多斤。

"现在无花果的销售逐步恢复正常，终于可以放心了。"宁强说。

县长带货，网友"慷慨"下单

2月19日下午5点，广东省徐闻县县长吴康秀出现在"抗疫助农"网络直播中，面对几十万全国各地的网友，吴康秀在菠萝田边"上演"菠萝的各种吃法：菠萝咕咾肉、菠萝鸡片、菠萝饭，甚至网络流行的"蘸酱油"吃法也没落下。

当晚9点，浙江省衢州市市长给53万网友做了一回"客服"。

他介绍，衢州是"中国椪柑之乡"，元旦至春节前后是最佳食用期。由于汁多味浓、肉质脆嫩，椪柑的价格比当地其他品种高出40%—60%，不仅销往北京、上海等国内大中城市，还远销俄罗斯、加拿大等国家。

"以前买过衢州的椪柑，三四块钱一斤，没想到现在不到20块能买10斤。"有网友感叹。

在当天的两场直播中，总计近百万消费者观看了市长和县长的带货。滞销的徐闻菠萝和衢州椪柑在两个小时内均售罄，不得不临时补货，两个直播间的订单近8万单，累计帮助农民销售了约60万斤水果。

全民参与，让农民的损失降至最低

"很多农产区'一手要抓生产，一手要抓防疫'，因为销路受阻，不少农民的积极性受挫，相关生产也受到了很大影响。"某电商平台相关负责人表示，自2020年1月底以来，持续有农业专家和学者联系我平台，希望能够共同解决特殊时期的农产品产销问题，将疫情对农业生产的冲击降至最低。

据介绍，为保障特殊时期的农产品产销对接，自2月3日起，平台陆续推出了一系列中小规模的农产品专项活动。"这期间主要是做三件事：一是协同平台的'新农人'做商品清单，对农产区尤其是贫困地区的农产品库存和质量状况做一个梳理，将需要打通销路的农产品'往前推'；二是请求各地政府和相关部门进行协调，给此类农产品开辟绿色通道；三是统筹顺丰、中国邮政等物流资源，确保新鲜的农产品能够直达消费者手中。"

2月10日，在"抗疫开拼，爱心助农"专区上线后，用户通过APP首页焦点图、限时秒杀等入口，以及搜索"助农""爱心助农""农货"等关键词，均可直达该专区，以最优惠的价格购买产地直发的水果和蔬菜。

目前，该专区已覆盖全国近400个农产区包括230多个国家级贫困县。截至2月16日，累计销售滞销农产品超过10万单。

据悉，针对此次特殊活动，除充足的流量支撑外，平台还设置了5亿元的专项农产品补贴以及每单2元的快递补贴，以帮助解决疫情期间的农产品产销对接问题，让农户的收入得到保障。

2月14日，平台宣布在"抗疫助农专区"新增"农产品滞销信息反馈入口"，无论是农民和农业合作社，还是政府部门、公益组织、媒体机构及行业协会等，都可以向其直接提供滞销农产品信息；针对技术能力弱的中小农户，平台技术团队还专门研发了小程序及H5应用工具"快团团"，以帮助他们随时随地实现信息申报、农货出村。

资源互补，构建产销大格局

2月17日，农业农村部举行全国农产品产销对接视频活动，就如何进一步"抓生产、促流通、保供应"进行工作部署。活动中,"全国农产品产销对接公益服务联盟"宣布成立。联盟将组织拼多多、人民优选、百果园、好想你等大型农产品加工流通机构,在 2020 年对贫困地区开展不低于 100 亿元的专项采购。

此外,联盟将集中优势打造集农资研发生产、品质农货供给、农货农资上行下达的产业一体化体系,构建农业产销大数据库,共推全国农货上行。

电商农货节走进"三区三州"

余向东　韩　啸

赤松茸、花椒、胡麻油……2020 年 8 月 16 日,"丝绸古道　临夏优农"公益直播助农活动在甘肃省临夏回族自治州举行,临夏州政府副州长李明海携州下辖 7 县 1 市 8 位领导干部共 9 人,组成"消费扶贫助农天团"走进直播间,向全国消费者展示并推荐了多种当地特色农产品,助力消费扶贫。

有超过 60 万网友观看了这场"线上农货节","临夏州优农馆"店铺粉丝新增近万人,成交金额环比增长 988%,主打的消费扶贫产品赤松茸销量环比增长 525%,带动甘肃地区赤松茸搜索量环比增长 726%。

作为拼多多第二届农货节的一部分,平台扛着"百亿补贴"和"流量支持"的大旗,扎根"三区三州";除了甘肃临夏州,近期已先后在西藏拉萨、四川凉山彝族自治州、阿坝藏族羌族自治州等地与当地政府联合启动消费扶贫大联播。在夯实脱贫攻坚成果的同时,用直播带货、电商入村的战略,吹响了农产品上行、优化产业结构的号角,为乡村振兴助力。

赤松茸出山,脱贫有了出路

"和政的赤松茸生长在太子山生态保护区,隶属于甘南黄河重要水源补给生态功能区,是国家重点生态功能区,海拔高、气候湿冷、无污染，特别适合赤松茸生长。"李明海手拿一颗赤松茸，向网友展示并介绍。

当日直播间，赤松茸的优惠价为1斤28元、2斤43.7元，而平日里其售价达到2斤70元。大幅度的优惠加上李明海认真耐心的讲解，引发了直播间购买赤松茸的热潮。接下来，他还推荐了当地的香菇、牦牛肉干、牦牛肉酱等特色产品。

临夏作为"三区三州"之一，8县市均为六盘山集中连片特困地区扶贫开发重点县，是甘肃脱贫任务最重、攻坚难度最大的地区，深度贫困是临夏的最大州情。

直播间外，临夏州和政县松鸣镇狼土泉村村民宋生文盯着手机屏幕，露出微笑，看到几十万网友发出的"弹幕"都是在了解赤松茸，他心生无限希望，"如果我们这些贫困户种出来的赤松茸，能走出大山、走进全国人民的厨房，那就好了，我们的生活也能好一点"。

据了解，赤松茸是福建厦门市对口扶贫临夏州的过程中，在和政县确定的扶贫项目。临夏州夏润高原农业有限公司负责人黄雄越表示，他们曾在全国各地寻找适合赤松茸生长的基地，最终定下位于临夏州西

临夏和政县松鸣镇狼土泉村贫困户宋生文靠种植赤松茸每个月有超过3000元收入

南部的太子山脉。在海拔 2500 米左右、属于高湿冷气候的昆仑山和巴颜喀拉山东北边缘余脉中，靠天然降水和土壤肥力基本就可以满足赤松茸生长需要的养分，没有虫害不需要施用农药因此不存在农药残留问题。

宋生文是临夏州和政县赤松茸种植基地的第一批打工农民，起初宋生文一家七口人生活还算过得去，3 年前父母生病举债治病后，全家都成了建档立卡户。

在这里，宋生文每个月的收入超过 3000 元，虽然和他之前外出打工收入差不多，但基地距离家只有 10 分钟，可以让他照顾生病的父母和上学的孩子。虽然几年前欠的债还没还完，但种植赤松茸让宋生文看到了慢慢脱贫的希望。

为帮助临夏赤松茸产业对接全国消费者，拼多多农货节将临夏赤松茸纳入重点推荐农产品名单，给予流量扶持。

州县领导的直播还没结束，但宋生文坚信，这次直播后，会有越来越多消费者知道家乡的赤松茸，他也坚信，自己距离脱贫的目标越来越近。

"农货＋文旅"，"雪顿节"多了电商元素

当拥有 300 多年历史的西藏拉萨雪顿节遇上新电商，能擦出怎样的火花？

8 月 20 日，拉萨市人民政府主办的"净土拉萨　高原优品"消费扶贫直播节与 300 多年历史的拉萨雪顿节相遇，在启动仪式上，拉萨市政府与拼多多签订消费扶贫战略框架协议。

在持续 14 小时的直播里，来自拉萨市相关县区、市扶贫办、市旅游局、经济开发区等部门的 12 位领导组成"高原最强带货天团"走进

直播间，向消费者推荐包括牦牛肉酱、蜂蜜、灵芝等在内的88款当地特色农畜产品和多款文旅项目产品，超过75万网友观看了本场直播，直播店铺粉丝新增2万人，成交额环比增长890%，带动当地牦牛肉、藜麦在平台的搜索量环比增长826%、753%。

"今天，我们在这里举办'净土拉萨 高原优品'消费扶贫直播节活动，开展线上线下一体化销售，将进一步拓宽扶贫农畜产品的销售渠道，提高产品竞争力与知名度。"拉萨市政府相关领导说。

雪顿节又名藏戏节，是西藏的传统节日之一，至今已有300多年的历史。在藏语中，"雪"是酸奶子的意思，"顿"是"宴""吃"的意思。此次消费扶贫直播节，富有拉萨特色的农副产品是带货推荐的重头戏。

牦牛肉酱、西藏草本牙膏、青稞胚芽麦片、纯牦牛绒被子、藏灵芝、高原纯牛奶……在14小时的直播中，"高原最强带货天团"向网友推荐了88款当地特色农副产品和多款文旅项目产品，极大地激发了网友们的下单热情以及对西藏美景的无限向往。

当雄县的"网红县长"其美次仁第一个走进直播间带货。由于此前多次通过直播推介过当地的文旅产品，其美次仁在镜头前显得特别熟练。

"现在提到当雄，不少网友都会想到行者·黑帐篷游客服务中心，目前的四个主题分别是'牛气冲天、万马奔腾、喜气洋洋、赫赫有名'，其中开在念青唐古拉雪山下的'牛气冲天'已经在2018年正式投入使用，'喜气洋洋'也已开放。"

据悉，今后双方将进一步建立拉萨特色产品的产销对接机制，为企业和农户开辟快速绿色入驻通道，运用销售大数据推进拉萨农畜产品与平台销售资源精准对接，通过资源倾斜、品牌曝光等多方面扶持措施，助力拉萨优质消费品扩大线上交易规模，提高市场占有率，增强产业竞争力。

扎根"三区三州","线上新经济"助力消费扶贫

此次进驻"三区三州"的系列直播活动,是拼多多第二届农货节的重要组成部分。在农业农村部指导下,旨在帮助农户增产增收,让消费者买得更多、吃得更好。而针对"三区三州"的产品,平台则会额外给予资金补贴、流量扶持等支持,帮助"三区三州"农户增收。

2019年,平台首次举办"农货节",实现了带动500多个农产区1.1亿笔订单的成绩。今年覆盖面积将进一步扩大,包括会理石榴、大荔冬枣、运城苹果、潍坊嫩姜等全国各产区的"尖货",均将通过产地直发的方式,直连平台逾6亿消费者。

同时,"农货节"期间平台"百亿补贴"针对水果生鲜、农副产品、肉禽蛋类等民生用品实施常态化补贴,苹果、芒果、冬枣等需求量大的水果,用户的到手价同比降低40%至60%。

平台相关负责人表示,地方领导干部集中线上推荐当地特色农产品,助力消费扶贫,可以为"三区三州"进一步巩固脱贫攻坚取得的成果,为迎接"线上新经济"夯实基础,为未来把更多的产品高效地销售到全国创造条件。

数据显示,截至2020年7月31日,平台自2月以来的相关助农专区和活动,已累计成交3.2亿单,卖出农副产品19.1亿斤,共推动超过190个特色农产区产品走向全国6亿消费者的餐桌,帮扶农户超过68万户。截至2020年8月底,包括"云游中国"等"农旅结合"的直播在内,平台市县长爱心助农直播已超175场,近330位市县区主要负责人进入助农直播间带货。

电商"春茶节"下沉市场瞄准大众

韩 啸

2020年3月27日,某社交电商平台启动首届"好茶不贵"春茶节,投入1亿元流量及消费补贴,联合百余家茶叶企业首发超1000款春茶新品,为5.85亿消费者带来平价高质的"口粮茶"产品。此次春茶节期间,谢裕大、吴裕泰、张一元、贡牌等10家"老字号"茶叶品牌集体加入,推出19.9元起的"好茶不贵"定制款春茶新品。同时,在河南信阳毛尖、四川高山绿茶、安徽黄山毛峰、浙江西湖龙井、江苏碧螺春五大主产区,以"茶叶县长"集体上阵代言形式,为消费者推广产区的普惠新茶。作为电商新物种,线上还同步推出"一起种茶树,免费领茶叶"活动。

"从首届春茶节起,我们就决心抛开'第一锅''天价头茶'等概念,真正深入上游名茶产业带,联合老字号、新品牌实实在在投入补贴,为消费者选到性价比最高的'口粮茶'。"春茶节负责人表示,"好茶不贵"是消费者选购茶叶的核心理由,也是未来茶行业新消费的主流趋势。

10家"老字号"集体加入　首发19.9元起春茶新品

在此次春茶节期间,浙江省茶叶集团下属的著名绿茶品牌"狮峰",联合平台首次推出50克装的"口粮茶"系列,以19.9元的价格在平台首发。对于这家成立于1950年的中国最大茶叶经营企业及全球最大的绿茶出口企业而言，这种销售形式还是"头一遭"。

"茶叶消费的人群呈现明显的年轻化、下沉化特征，这就要求老字号的传统产品线也必须进行革新调整。"浙茶狮峰品牌副总经理周楠介绍，通过与电商项目组的深度合作，结合消费端趋势及数据研判，狮峰首次推出了19.9元的"口粮茶"，以此为突破口加强对年轻市场、下沉市场的渗透，以高性价比的产品，树立起"好茶不贵"的消费心智。

除狮峰茶叶外，谢裕大、吴裕泰、张一元、贡牌、碧螺、猴坑等10家"中华老字号"茶企，集体在平台推出29.9元、46.9元起等春茶新品。

据了解，为了助力传统茶企的下沉，平台投入1亿元流量资源以及消费补贴，帮助国内100余家传统悠久的茶企和主要茶产区打造"新品牌"，首发超过1000款春茶新品，带动中国主要茶产区的新茶通过电商渠道快速上行，并培育更广大的年轻一代消费市场。

"我们是龙头茶企产区直发，专门针对线上消费习惯开发了新品，把所有中间商利润都让给了消费者。希望用最低的价格，让消费者品尝我们顶尖的'蒙顶甘露'等产品。"四川雅安名山区蒙顶皇茶电商负责人李宇表示，消费人数和复购率是其最看重的两个数据。

"我们与诸多茶企联合敦煌博物馆推荐系列优品茶，面对巨大的内需市场，'茶马古道'将推动、见证茶行业新消费的崛起，获得崭新的意义。"春茶节负责人表示，平台将联合更多新品牌和老字号，通过海量消费数据分析、反馈，重点向茶企输出规格包装、价格定位、新品研发等方面的建议，推出更多符合平台不同人群消费需求的茶叶新品，帮"老字号"打开新市场，帮新品牌建立好口碑。

根据平台数据显示，"中华老字号"茶企新品上店后，销售额平均增幅超过230%，消费结构中"90后""00后"占比超过70%，进一步扩充了终端消费市场。

5 位"茶叶市县区长"齐上阵，帮茶农吆喝卖春茶

值得注意的是，2020 年的新冠肺炎疫情与国内早春茶生产、春节假日消费旺季重叠，对春茶及全年产销带来一定程度的影响。

根据中国农业科学院茶叶研究所、国家茶叶产业技术体系产业经济研究室发布的《新冠肺炎疫情对茶产业影响评估及应对建议》报告（简称报告）显示，2 月份期间有 62.59% 的企业线下门店几乎零收入，超过 55% 的茶叶产区遇到物流不畅、成本增加等问题。报告指出，要加快消化疫情导致的暂时性存量和增量库存，尤其是电商平台企业要借助平台优势，促进茶产区的公益性推广与销售。

为此，平台联合四川雅安、安徽黄山、河南信阳、贵州普安、湖南安化等名茶产区，请市县区长们走进春茶节直播间，通过"影响力"和"公信力"为茶农带货，为产区代言。

"这次跟电商平台的合作力度很大，价格真的是非常非常实惠，在市面上绝不可能买到品质这么好的蒙顶山茶，全部从蒙顶山的茶园采摘制作！"3 月 27 日上午 10 点，四川雅安市名山区区长周万友变身主播，走进直播间，一口流利的"川普"将"中国茶都"的蒙顶山茶介绍给消费者。

"这些天还有黄山市副市长和多位'网红县长'来跟'茶人'们互动切磋。"春茶节负责人介绍，此次平台将深度联合中国各茶叶主产区，通过"茶叶县市长"直播抗疫助农的形式，在首页逐一点亮"茶叶地方馆"，吸引更多用户参与到消费带动生产的良性循环中来，为产区恢复正常提供新动能。

为消费者送上雪域高原的礼物

余向东　韩　啸

"直播间的朋友们好，欢迎大家多多下单，助力西藏消费扶贫。"2020年8月8日晚上6点30分，北京援藏干部王佔朝来到位于西藏拉萨的直播间，为西藏特色产品带货。他熟练地向网友推荐牦牛肉、藏鸡蛋、藜麦等青藏高原特色农产品，还不时跟网友互动，引起一波波下单热潮。

这是北京援藏指挥部主办的西藏首场"北京援藏消费扶贫直播带货"活动。作为北京消费季在拉萨的"分会场"，该公益直播所有上架产品均为京藏两地共同培育的助农扶贫产品。

截至当晚10时，这场直播共吸引超89万网友围观，1000份特价高原青稞藜麦即食麦片1小时即被抢光，直播店铺收获上万名粉丝，环比增长3100%。此次直播还带动当日西藏地区藜麦搜索环比增长488%，牦牛肉搜索环比增长390%。

援藏干部助力：千份特价藜麦片被抢光

"藏鸡活泼好动，平常吃的都是高原上的草和虫，鸡妈妈身体好，产的蛋营养价值自然也高……"8月8日晚6点半，王佔朝在"拉萨净土食品保健专卖店"直播间用幽默的语言向网友推介藏鸡蛋，面对直播间网友的疑问，他耐心地拿出藏鸡蛋，在镜头前边展示边回答网友的问题。讲到最后，王佔朝还现场将一个藏鸡蛋打开到碗里，向网友展示蛋黄的比例。"没有普通鸡蛋的腥味，吃起来非常香。"听到王佔朝的详细解答，直播间的网友纷纷到"小红盒"去下单。

除了藏鸡蛋，王佔朝还向网友详细推荐了西藏菜籽油、青稞香米、冷鲜牦牛肉等特色产品，吸引了大量网友围观、下单。

在直播期间，9.9元一瓶包邮的牦牛肉酱、15.9元两袋的青稞藜麦多谷乐麦片成为"人气王"。据悉这两种商品平日里的价格分别是24.9元一瓶、25元一袋，优惠价仅限于直播当天。很多网友听完直播间主持人、援藏干部介绍这两款产品后，第一时间下单并在直播间分享自己的"购物心得"，"太便宜了，买到就是赚到""这个价格还等啥，必须买起来"，并主动将商品分享出去，带动其他人购买。最终，1000份特价麦片在不到1小时内即被网友秒杀完。

为激发网友消费扶贫热情，直播期间，主办方还不定时穿插抽奖、发红包、领券等多种形式福利优惠回馈消费者，最终有5名下单网友获得千元大礼包，将直播间的购买氛围推向高潮。

拉萨市净土集团有关负责人表示，提高农产品销售效率是帮助西藏地区农牧民脱贫致富的重要手段，是小康路上的"幸福秘籍"。通过专业合作社等生产、加工、销售新模式，让市场开发能力较弱的农牧民实现"销售升级"。而"零中间商"的模式，也大幅降低了流通环节成本，可以让消费者不增加支出就实现"消费升级"。

京藏携手：借力新电商平台"扶贫扶智"

2020年以来，北京援藏指挥部进一步加大对西藏消费扶贫工作的力度，除继续开展"以购代捐"、产销对接等传统消费扶贫模式，还尝试让更多的西藏扶贫特产插上电商的翅膀，走出高原，走向市场。

　　"扶贫先扶智。"此次直播前，北京援藏消费扶贫培训专项电商讲座已在拉萨成功举行。北京援藏干部代表、本地电商公司负责人、备选直播主持人、对电商感兴趣的"二区二县"脱贫户代表等近百位学员，参加了电商培训。

　　"这次培训给我的启发挺大的。"北京援藏干部马振江表示，首先是让更多扶贫干部对电商有了全面了解，让未来扶贫工作有了新的着眼点，能让扶贫干部用互联网思维去考虑商品的设计，西藏旅游资源丰富，可以让更多旅游类的虚拟商品通过线上销售。

　　长期以来，因山大沟深、交通不便、信息闭塞，很多内地人想买的西藏优质农特产品"藏在深山人不识"，老百姓也因货物卖不出去、卖不上好价钱而始终摆脱不了贫困，是电商让雪域高原的农特产品走出大山、走向全国、走向世界，给越来越多的老百姓带来了实实在在的好处。

两位藏族直播带货主持人次多（左）和白玛正在介绍拉萨特产

　　最近几年，西藏自治区党委、政府高度重视农村电子商务发展，全力实施国家电子商务进农村综合示范项目，先后有 27 个县区开展了综合示范，农牧区电商发展基础条件得到较大改善，建立了一套组织推动新体系、培育了一批市场经营新主体、开辟了一条农产品销售新路径、探索了一种电商带贫新机制，有力推动了当地物流业、旅游业等产业发展，农村电商在西藏从无到有，迈进了发展的快车道。截至 2020 年 6 月底，全区网商总数共计 32070 家，带动就业人数 12.87 万人。通过社交电商、直播带货等方式助力本地"滞销"农产品打开销路，全区农产品网络零售额实现 4.82 亿元，同比增长 39.01%。

让特色农产品走向大众

杨　娟　张振中

一个"延安宜川"苹果，从不时滞销到备受瞩目，带动了老区特色农产品走出去。

一个"崀山脐橙"，从被贴牌贱卖，到品牌叫响，带动了整个产业的升级。

一颗"靖州杨梅"，从农户只能望"梅"兴叹到如今"扬眉吐气"，引领了消费市场的转型。

这一切，离不开互联网。互联网不仅让优质特色农产品走得更高更远，"互联网+"的力量还倒逼品牌打造、产业升级，引领消费转型，带领农户脱贫。

连接生产端和消费端，宜川好果不愁卖

位于革命老区陕西省延安市东南部、黄河壶口瀑布之滨的陕西省宜川县，境内黄土绵厚，海拔1350米，平均日照2520小时，昼夜温差最高12.8℃，180天无霜期，有利于苹果糖分的积累和着色充分，是世界苹果最佳优生区，这里的苹果个大、味甜，全县苹果年产量达到47.5万吨。

酒香也怕巷子深，"好果"也有愁卖的时候。

2011年10月，正是苹果丰收季节，宜川县云岩镇刘家庄村10万斤苹果却无人问津。无奈之下，副镇长采用微博求助方式，勉强帮助

宜川县苹果园一角

果农挽回损失。

2016 年，宜川县部分农户再次遭遇苹果滞销，收购价低至几毛一斤，不少果农不得不发动亲朋好友，在微信朋友圈中吆喝。

宜川作为革命老区延安的一个国家扶贫开发工作重点县，如何用苹果产业引领贫困人口脱贫致富，牵动人心。

基于此，惠农网从 2017 年开始，连续两年开展延安市电商人才培训活动，输出高级电商人才逾 500 人，为当地产业振兴提供人才、智力支持。

今年，宜川县引进惠农网入驻宜川，针对特色产业及区域文化培育、农特产品流通标准、品牌和质量等方面对"黄河壶口"区域公共品牌进行系统改造，通过多种渠道对县域公共品牌进行宣传推广，提高"黄河壶口"品牌的曝光度和影响力。同时依托惠农网的资源优势，从农产品电子商务供应链体系建设、质量安全溯源体系建设、农村电商精准扶贫体系建设等方面推进县域电商生态建设。

2018 年 11 月 2 日，第十六届中国国际农产品交易会期间，在"产业扶贫在行动"全国贫困地区农产品产销对接大型公益活动现场，延安苹果最终以 1.0582 亿公斤的采购成绩，88 分的现场最高人气排名，受到了各方人士关注。

在电商扶贫的带动下，宜川苹果增加了"底气""名气""人气""福气"。30 万亩苹果给 8.5 万农民带来了福气，加快了宜川脱贫攻坚的步伐。2017 年，全县果农人均收入达到 2.48 万元，苹果树已经成为农民脱贫致富的"幸福树"。

市场倒逼生产端，网销也要打品牌

"很多人认为，农村电商就是把地里产的东西，弄到网上卖给城里人，其实根本不是这回事。"湖南新宁喜富果业有限责任公司负责人李双喜向记者说道，网销产品，直接面对大众消费者，口碑尤其重要，消费者的一个差评会产生很大的影响，所以，提高农产品品质、打造农产品品牌、引领产业升级才是立足市场的"王道"。

多年来从"中国四大出口脐橙生产基地县之一"的新宁县收购脐橙的秦皇岛人李双喜，决心要搭上"互联网＋"的快车，从源头把关，种植、生产市场需要的脐橙。2016 年，李双喜成立公司，采用"公司＋合作社＋贫困户"的模式带动农户种植，"触网"销售新宁脐橙。

需求端对脐橙的要求越来越高，倒逼生产端在生产标准化和加工现代化上下功夫。李双喜介绍称，企业目前拥有 6000 多平方米的标准化生产车间，水果冲洗、选果分类使用的都是全国最先进的设备，还推出了带叶加工、电脑操控等"黑科技"，不仅将日加工能力从之前的 100 万吨提升到如今的 300 万吨，更是将果品的质量提升到了新层次。

2018 年 11 月 25 日，同样与惠农网合作，中国·崀山第四届脐橙文化旅游节脐橙电商首发仪式就在清江桥乡喜富果业公司举行。一万件新鲜采摘、经过分拣整理的脐橙从果园发出，最远将运送到俄罗斯、马来西亚等国家。

随着"崀山脐橙"的品牌越来越响，农户的收益也翻了番。喜富果业200多名贫困户社员，已有130多名摘下了"贫困帽"，2020年将全部完成脱贫。

顺应多元化需求，引领消费升级

一枚鸡蛋，大众消费者知道有"土""洋"之分。湖南省浏阳市生旺种养合作社生产的杨花原生态"硒"有鸡蛋，则为消费者提供了另一选择。

但不少消费者对什么是"硒"尚且还有些陌生，"硒"有鸡蛋究竟有什么"稀有"品质，消费者更是一时半会儿难以明白。

"再好的产品，只有被消费了，才能实现其价值，而消费市场是可以被引领的。"浏阳市农业品牌运营中心项目总监刘靖龙说，顺应市场多元化的需求，引领消费升级，是电商平台的另一优势所在。

作为湖南省第一个县级农业品牌运营中心，该中心专门开发了"电商扶贫"板块，利用政府政策、社会资源、互联网技术，不仅帮助扶贫产业和产品打通"出路"，同时，通过"爱心义卖"、订单农业义卖等平台推广品质农产品，引领消费升级。

线上通过动漫等通俗有趣的方式、线下通过"周末集市"等形式宣传，如让消费者通过手机扫码获取一枚富硒鸡蛋的诞生全过程，对饲料成分、喂养方式做到心中有数，从而形成对优质农产品的认可。"品质产品引领消费升级，杨花原生态'硒'有鸡蛋半年内通过电商扶贫销售额增加70多万元，带动82户贫困户加入脱贫计划。"刘靖龙说。

一枚"硒"有鸡蛋因电商而"红"，一颗靖州杨梅则因电商而"火"。

湖南省靖州苗族侗族自治县，是有名的"中国杨梅之乡"。靖州杨梅以色泽呈乌、酸甜适度、果大核小、品质优良、营养丰富而著称，享有"江南第一梅"的美誉。"百钱且得论摊买，恨不移根植上京。"清代，靖州杨梅就被列为贡品。

然而，靖州杨梅虽好，却因不耐储存、运输，梅农只能在树下卖、家门口卖、马路边卖，最远卖到靖州周边县市，这种令无数文人赞美垂涎的水果并没给梅农们带来与之匹配的实惠。

2016年以来，惠农网与靖州县联手举办一年一度的"杨梅节"。在互联网的引领下，靖州杨梅实现了生产标准化，并对采摘、分拣、包装、预冷等环节全程制定严格标准。

因此，所有外销的杨梅都是经过人工精挑细选出来的，每颗都很有"来头"。有幸被选中的杨梅至少得达到这么几个标准：杨梅形状只接受饱满的圆形，大小均匀，不接受有斑点、有伤痕的果实；杨梅色泽必须发黑，重量大约在25—35克之间；采摘时间最好是在早上9点30分之前……

"对于杨梅这样的稀缺产品，一年才上市一次，对于很多消费者来说，只要品质过硬，都会忍不住想买来尝尝。"惠农网负责人说，有这么严苛的"选秀"标准，杨梅的质量才能让人放心，消费市场的培育和引领就自然而然。

"一到6月份，只要想到杨梅就会忍不住流口水，现在网络如此发达、物流如此迅速，我每年都会在网上买好几百块钱的靖州杨梅来尝鲜。"家住长沙的张莉笑着说。

2018年6月3日，靖州杨梅正式上市首日，网上订单量就突破了30万箱。如今，靖州县杨梅种植面积达10万亩，产值达10亿元，带动了1.2万余户、4.3万余人从事杨梅及相关产业，已帮助贫困户3327户1.5万人脱贫增收，人均增收3600元以上。

"嚼着吃"的枸杞"云上卖"

——电商消费扶贫助青海藏区特产走出高原

郜晋亮

每年 8 月中旬，是王有录采摘野生黑枸杞的时间，他会骑着自己的摩托车一直驶向格尔木草原深处。王有录用剪刀小心地从黑枸杞果根部剪过，用手接住，稍不注意就会被枸杞的尖刺扎到。他采到的黑枸杞，经过几道收购后进入青海三江雪的工厂晾晒、加工，最终会在消费者的玻璃杯里释放出美丽的花青素，成为"蓝色妖姬"。这几年黑枸杞收购价降低，每斤仅 20 多元，王有录运气好一天能采到 10 多斤。从 8 月中旬到 10 月，经历青藏高原的暴晒到凛冽的寒风，采完黑枸杞的头茬、二茬、三茬，王有录大概能收入五六千元。对于这个贫困农民来说，这笔收入占到了他全年收入的一半多。

为助力脱贫攻坚，通过开展消费扶贫行动来帮助王有录这样的农户，6 月 9 日，中国青年报社联合青海省西宁市政府在新电商平台上举办了"'云'观夏都好物，'线'尝高原馈赠"助农扶贫公益电商直播活动，西宁市副市长杨小民为柴达木红枸杞、黑枸杞、枸杞蜂蜜、八宝茶、藜麦等青海藏区特色农产品直播带货。

副市长"摆摊吆喝"藏区特产

在 11 个小时的连续直播中，主播们推荐了包括柴达木红枸杞、黑枸杞、枸杞蜂蜜、藜麦、藏红花、原味酸奶、青稞奶茶等 20 多种藏区特色产品，超过 55 万网友参与直播，带动青海枸杞销量较前日上涨 350%，枸杞蜂蜜较前日上涨 270%。

青海省藏区属于"三区三州"范围，是国家层面的深度贫困地区，在全国脱贫攻坚大局中有特殊重要地位。目前，虽然青海省已实现所有贫困县摘帽，但这只是决战决胜脱贫攻坚战的阶段性胜利，防止脱贫人口再返贫才是根本所在。

"你拼的每一单，都在助力消费扶贫。"青海省西宁市副市长杨小民在直播间面对消费者这样说。

作为青海省会的西宁市，自 2016 年以来已经实现了 3 个贫困县摘帽，330 个贫困村退出，6.5 万人脱贫。杨小民表示："我今天来到这里直播、带货，就是希望消费者能够继续支持青海和西宁的商品销售，让青海高原原产地独特优质的商品，通过电商平台，对接给全国消费者。"

枸杞是大多数人熟悉的养生品，但很多人并不知道好枸杞真正的吃法是像葡萄干一样嚼着吃。当然，能这样吃的前提是枸杞得像葡萄干那样口感香甜。

杨小民向消费者推荐的是有"枸杞小霸王"之称的柴达木红枸杞。由于光照时间长，昼夜温差大，植物病虫害少，柴达木枸杞具有颗粒大、肉质厚、色泽艳丽、味道甘甜的特点。

直播当天，杨小民为消费者带来了"从前没有，以后可能也不会再有"的价格，正常 199 元的价格在直播当天仅售 99 元。

西宁市商务局相关负责人表示，青海本地特产如枸杞等，往年旅游季节仅靠游客的线下购买就供不应求，今年受新冠肺炎疫情影响，游客减少，销量也受到影响。

新冠肺炎疫情期间，各地兴起了线下线上融合的热潮，西宁市政府也积极帮助企业寻求融合的途径，扩大本地特色产品的影响力和销量。杨小民表示，希望通过此次电商直播活动，推动本地企业积极尝试利用线上渠道打造品牌影响力，拉动销量，也希望全国消费者都能支持青海特产，助力消费扶贫。

"只要能帮农民卖出东西，就是该做的"

"太棒啦！为副市长点赞！""副市长带货，信得过""支持副市长带货，权威推荐"……直播间通过"副市长直播带货"的形式推介青海优质产品，让粉丝更有新奇感和信任度，弹幕上的留言占据了半个屏幕，好评声不断，网友纷纷为"副市长直播带货"的形式点赞。

杨小民坦言，西部地区电商工作相对滞后，很多产品的线上销售是短板，今年线上线下融合的大趋势对西宁的领导干部和企业都是考验，"希望通过直播，让广大企业都参与起来，提高自己的线上业务能力"。

新冠肺炎疫情也是促使他走进电商直播间的推动力。过去领导干部对直播带货有些顾虑，觉得不够严肃，更担心专业性不足，此次疫情对西宁的影响较大，往年这个时候青海已经有很多游客，但目前省外游客很少，只有省内的一些游客，人流的减少直接影响到过去优势特产的销售。为了缓解疫情影响，尽快恢复经济，越来越多的党政领导走进线上直播间，为当地产业代言带货。杨小民也打消了顾虑，"只要把货真价实的东西卖出去，就应该做，众人拾柴火焰高，为青海和西宁的产品代言，无上光荣"。

"我愿意为消费扶贫拼单""夏都西宁，我一定会亲自前往打卡"……本次直播带货，让网友们感受到了西宁人民的热情好客和西宁农特产品的物美价廉，直播中主播和网友频频互动，现场气氛热烈。从上午 10 时一直持续到晚上 9 时，直播间里惊喜不断，西宁"花儿"歌手、民族舞蹈演员们献歌献舞，网络红人藏地九哥、雪茸堂、沫小婷也纷纷登场，共同推介西宁优品。

消费扶贫助力"三区三州"脱贫攻坚

6 月 8 日，青海省召开 2020 年深度贫困地区脱贫攻坚现场推进会。据悉，为了能让深度贫困地区的特色农畜产品走出去，青海深入开展消费扶贫行动，充分发挥定点帮扶、对口支援、东西部扶贫协作地区和单位的优势，广泛发动党政军机关、企事业单位参与购销活动，与电商平台密切合作，积极拓展扶贫产品营销渠道和市场空间。近 3 年来，共完成销售 20 亿元，有力推动了产业增效、贫困群众增收。

实践表明，农产品上行是推动消费扶贫最有利的抓手。中国人民大学中国扶贫研究院 2020 年 4 月发布的《中国深度贫困地区农产品电商报告》显示，在脱贫难度大、任务重的深度贫困地区，大力推动农产品电商发展，对于缓解农产品滞销、带动创新创业、促进产业转型、实现互联互通等，具有重要意义。

电商惠农　破解"卖难"

青　青

滞销年年有，这两年特别多。随着互联网及各种新媒体的迅速发展，农产品滞销舆情更多地出现在人们视线内。仅 2018 年出现的大规模滞销的农产品就包括内蒙古武川土豆、山西运城临猗苹果、山东莱西地瓜等。全国多地、多品种农产品卖不出去，到底是哪里出了问题？

"湘西大量柑橘滞销"是春节前的新闻热点，牵动了社会各界人士的心。其中，素有"中国椪柑之乡"之称的湖南省湘西州泸溪县滞销椪柑 11 万吨。

看着柑橘或在家堆积如山，或烂在地里，果农们愁眉不展。尤其是 1 月低温冰雪天气来袭，导致多条道路被封，柑橘无法运出，加上春节临近，快递将停运，果农们更是心急如焚。当时，距离过年只有十几天了，泸溪县麻溪口村贫困户宋四包家的椪柑一点都没卖出去，他说："年前是最佳销售期，一旦错过，损失惨重，大家都说这个年肯定是没法过了！"

一方有难，八方支援。为帮助果农挽回损失，农业电商惠农网率先赶赴产地帮助果农包装、运输和销售，呼吁社会各界帮助泸溪，倡议得到全国多家媒体的转载支持，10 多家电商平台、社区团购等纷纷加入助销行动。让人欣慰的是，在各界爱心人士的帮助下，湘西柑橘从滞销变成热销，来自湘西州柑橘办的消息显示，截至正月初一，湘西州滞销柑橘已经销售了约 95%。

据相关数据统计，影响农产品滞销的因素中，"销售渠道单一"是仅次于"价格下跌"和"丰产"的第三大影响因素。

湘西椪柑待销期间，泸溪县峒河沿岸的公路边，杨大娘一家人把山上的几万斤椪柑通过索道一筐筐运下来，她家的椪柑一斤都没卖出去。她说，去年客商上门收 0.9 元 / 斤，今年 0.45 元 / 斤都没人要，加上请人采摘、搬运的人工费，相当于忙了一年没赚钱。

杨大娘已年近 60 岁，没有网络卖货经验，每年只等客商上门。泸溪县电商网络并不完善，近年来电商有所发展，但起步晚，销量少，农户自主经销能力弱，利用网络进行销售的果农少之又少。

信息不对称，货卖不出去，丰产不丰收，这是困扰种植户的头号问题。受传统小农经济模式限制，我国农产品上行过程中销售渠道较为单一，且多依赖于农产品批发市场和批发商地头收购的方式。由于蔬菜、水果等农产品储存难度较大、保鲜成本较高、销售周期相对较短，因此在销售环节，农户处于相对被动的地位。特别是面临突发自然灾害或者面积扩张引发的价格大幅波动时，收购商往往通过自身对产品价格的决定权改变收购计划，最终风险则转嫁到农户身上。

破解滞销困局，拓展营销渠道是关键，要农产品搭上电商"快车"，优化供应链是必经之路。有人说，很多农产品保质期短、储存难度高，经不起快递一路颠簸。而事实是：供应链做得好，杨梅也能上网卖。

靖州苗族侗族自治县位于湖南省西南部，是湖南省 51 个扶贫开发重点县之一。虽然地理位置偏远，但这里盛产着极为受人喜爱的水果——杨梅。这里的杨梅个大多汁，酸甜适度，但却极其娇贵，难以储存，不及时采摘就会烂在地里。这样的产品要实现电商化销售，当地果农都不相信。

为了实现杨梅"触网",农业电商惠农网团队在靖州木洞村蹲守三个月,对杨梅的生长习性、采摘、存储、运输进行全面了解,不断优化存储物流方案,让"产品变商品",将深山里的杨梅卖到远方。2016年,木洞村的村民平均增收3000元。

三年来,搭乘互联网"快车",靖州杨梅逐步实现了商品化、标准化、产业化,其知名度和市场占有率进一步扩大,杨梅销量实现连年增长。2018年,靖州杨梅的日均发货量从三年前的500余件/日,飙升至6000余件/日,激增了10多倍;线上总销量达75万余件(1500吨),销售收入约1亿元。

靖州杨梅案例成功的关键就是完善了产品供应链。农产品要通过网络卖出去,采摘之后的选品、分级、包装、物流等全流程都要实现协同,让产品按品质分级,可以实现优果卖优价。也因为这样,靖州杨梅从几年前的2元/斤卖到了最高40元/斤,产品远销香港和北京。

电商来了，毛南族的日子不难了

王　澎

每隔三四天，广西环江县毛南族人谭俊新就要骑着摩托车从下南乡社区赶到大山里，那里放养着维持他全家生计的8头菜牛。他要经常去看看这些牛是否受伤，并定期给它们补充盐分。

等菜牛长大了，县里的加工厂就会来收购，或者销售到省外，或者加工成牛肉干等产品，通过线下线上渠道发往全国各地。

2020年5月，作为全国唯一的毛南族自治县，环江正式宣布退出贫困县序列，毛南族也实现了"整个民族的脱贫"。然而脱贫只是第一步，为产业发展注入数字化的力量，才是持久增收的路径。尽管县里电商运营基础薄弱，环江县县政府领导还是尝试了当下颇为流行的电商直播带货，希望可以提高当地农户和企业应用互联网的意识，加快数字基础设施建设，让这个刚刚摆脱贫困的地区，能够在新的市场环境中仍然迈得开步子。

盘活产业，跟着带头人发展特色种养

2015年底，谭俊新因缺土地、没技术和孩子上学等原因被认定为贫困户。该村第一书记覃思颖根据当地帮扶政策，帮他申请贷款和补贴，发展养牛、养猪产业，并在村里当护林员、保洁员，一年时间就实现脱贫。"我现在养有8头牛、2头母猪，4月份刚卖了一窝小猪仔，收入 1 万多元。现在另一头母猪也怀孕了，过几个月还会有一笔收入。"

环江县毛南族人口 6.45 万，约占全国毛南族总人口的 70%。这里大部分地区属于喀斯特地貌和岩溶山区，有着"石头上的森林"之称，地理环境十分恶劣，当地群众曾经连吃水都成问题。毛南族原名"毛难族"，意为"生活在不毛之地的苦难民族"，1986 年经国务院批准才更名为"毛南族"。很多年轻人选择背井离乡，走出大山到大城市去务工谋出路。

"今年受疫情影响，大家只能居家隔离，贫困户无法外出务工。"环江县东兴镇久灯村第一书记覃善应在直播中介绍，为了让贫困户有事做、有收入，他组织党员致富能人与贫困户组建了养殖合作社，给 187 户贫困户发放了 1.5 万羽本地土鸭鸭苗，并定期入户指导培训养殖技术。

县政府领导认为，改变环江县"一方水土养不起一方人"的历史，从长远和根本上解决环江县的脱贫问题，必须发展产业。

在脱贫攻坚战中，环江县结合自身资源优势，发动群众养殖香鸭、香猪等"短平快"传统特色养殖项目。当地的脱贫致富带头人覃素鲜就是有名的香猪养殖专业大户。2013 年，覃素鲜创办环江鸿鑫生态种养专业合作社，圈下 200 多亩山地，建起了生态养猪场。凭借着吃苦耐劳的干劲儿，短短一年时间里，覃素鲜养猪的量就达到 1000 余头。她还积极探索"公司＋基地＋合作社"的模式，辐射带动周边 500 多户群众发展养猪业。

截至 2020 年 7 月，环江县 143 个有脱贫摘帽任务的行政村（社区）全部有新型农业经营主体或有产业基地覆盖，76 个贫困村每个村有不少于 3 名创业致富带头人，发展优质稻、桑蚕、杉木、柑橘、香猪（鸡、鸭）和油茶、菜牛等"5+2"特色产业，覆盖贫困户 21339 户。

电商直播，为山里货连通大市场

"世遗环江，多彩毛南！这里是全国唯一的毛南族自治县，也是世界自然遗产地。这里不仅有好山好水，还珍藏着非常多的绿色原生态农产品。"6月6日上午10点，环江毛南族自治县县政府领导穿着民族特色服饰走进直播间，向广大网友推介环江的特色食品。

这是继今年5月环江退出贫困县序列后，首次开展的政企合作电商直播带货活动。

"今天给大家展示推介的香鸭特产就是此前贫困户养殖的，生长期超过90天，品质非常好。"覃善应介绍，这些鸭都是农户放养于河流田间，吃的都是小鱼小虾，所以皮下脂肪少，特别适合白切蘸鸭酱食用。

覃素鲜也走进直播间，为环江香猪倾力代言，"环江香猪有着'黑珍珠'的美誉，是非常珍贵的佳肴"。

从简单的发钱发物帮扶转变到带动贫困户进行产业发展，再到通过时下流行的"消费扶贫""电商直播"开拓市场渠道，环江县在决胜脱贫攻坚中，迈上了三个台阶，让当地农户的"造血"能力不断提升，有效促进乡镇产业的发展壮大。

据悉，环江此次直播带货活动由县长领衔，下南乡党委书记、东兴镇久灯村第一书记，作为脱贫致富群众代表依次接力，重点为环江最有特色的香猪、香牛、香鸭、香米和香菇等"五香"农产品助阵。直播活动共吸引超过75万名网友围观，承接这次环江好货售卖的"广西特色环江馆"店铺粉丝数提高240倍。

环江香猪养殖专业大户、致富带头人覃素鲜（左）走进电商直播间，向网友介绍有"黑珍珠"美誉的环江香猪

用好"新农具"，开辟助农新战场

虽然退出贫困县序列，毛南族实现整族脱贫，然而，如何巩固脱贫攻坚成果，仍是一项艰巨的任务。环江县也在尝试更多路径，走好脱贫"摘帽"后的发展之路。

这次县长领衔直播带货，把当地的特产通过电商平台推向全国，就是一次积极的尝试。

近年来，某电商平台不断深入农产品原产地，一端连着大山深处，一端连着消费市场，已经逐渐成为助力脱贫攻坚的"新农具"。

目前该电商平台联合各地政府打造的"爱心助农"系列活动有效促进了消费回补和潜力释放，对推动农产品复苏和助农增收方面，具有非常显著的作用。

从助扶贫到兴产业　从卖得好到卖得久

——重庆秀山县推动电商助农升级

刘　贤

"以前是种啥就卖啥，现在是卖啥才种啥。"重庆市秀山县商务委主任杨志勇对笔者说，"电商很神奇，可以带动农业发展。"

2019 全国农产品产销对接扶贫（重庆）活动暨第三届重庆电商扶贫爱心购活动于 12 月 6 日至 8 日举行。电商"助扶贫"的效果又一次集中呈现，同时初见"兴产业"的作用。

2017 年，范天喜从武汉回到家乡重庆城口县鸡鸣乡金岩村创业，因为听说当地有农村电商扶贫的好政策。

2018 年，他朋友网购时偶然发现苦荞加工食品利于降血脂。金岩村有种植苦荞的传统，但因其口感涩、产量少，几乎被农户放弃了。范天喜看到市场机会，与人合伙开始做苦荞生意：买来种子发给当地农民种植，再收购回来加工成苦荞面和苦荞饼，"线上＋线下"远销北京、广东等省市。

苦荞适合在贫瘠山区种植，撒下种子自然生长，无须肥料，成本只涉及种子和人力。范天喜给笔者算了一笔账："我们给农户的收购价是 1 斤 7 元，扣除成本 2.8 元，农户所得是 1 斤 4.2 元。"

2019 年，金岩村有 300 多户农户种植苦荞，其中 127 户是贫困户。一户贫困户最低增收 1.5 万元。这种电商主导下的"订单式"种植新模式，让苦荞种植规模逐渐扩大，在当地约有 1800 亩。范天喜的公司获得政府资金支持将建设苦荞加工厂。"我们一定要把苦荞面条推出来！"他说。

农村电商的市场"嗅觉"也让杨志勇看到产业优化升级的前景。有电商寻找市场，发现金丝皇菊好卖，秀山区 2018 年开始种植；又发现"贝贝南瓜"好卖，秀山 2019 年开始种植。他说，这就是从以前的"种啥卖啥"发展为"卖啥种啥"。

秀山建成武陵生活馆等电商乡村服务点 200 多个、乡镇农村电商服务中心 8 个，构建起覆盖县域的农村电商服务网络。贫困农户生产的农产品通过武陵生活馆发送到秀山县城的电商云仓，仅需 1 天；再从云仓到北京、上海等城市，最快可以"次日达"。

农村电商对扶贫和产业发展的作用日益显著。杨志勇说，下一步秀山将加快物流加工中心、电商大厦、冷链物流中心、保税仓库、电商扶贫产业园等项目建设，不断增强电商聚集度和规模效益。

"中国农村电商现在面临从'助扶贫'到'兴产业'的过渡问题。"有专家在此次活动上演讲时分析，如今，农村电商主要围绕"如何通过电商对接市场"，解决农产品"卖得掉"的问题，未来则是要解决"卖得好"和"卖得久"的问题。

专家进一步解析，"卖得好"是要电商发掘出此前隐藏在贫困地区产业之间的价值，通过产品端的优化增加价值。"卖得久"则是要通过电商对接市场，按照市场要求，不断调优贫困地区产品结构，避免产品过剩。

杨志勇也认为，现在农村电商已经越来越成熟，但是通过抖音、快手直播等方式卖农产品仅仅是手段，关键还在于质量把控，让贫困户的农产品变成有品质的商品，乃至树立品牌。

开封市脱贫攻坚搭上"电商快车"

焦宇炜　张培奇　范亚旭

时值全国上下全力打赢脱贫攻坚战的关键时刻，河南省开封市各级各部门深入学习贯彻习近平总书记关于脱贫攻坚工作的重要论述，坚持精准脱贫方略，聚焦影响"两不愁三保障"的突出问题，真正把脱贫攻坚抓在手、扛在肩、落实在行动上。

"之前一直发愁红薯种出来没销路，没想到大热天不用去大市场，红薯就能卖到全国各地，还能卖个好价钱。"开封市祥符区范村乡杨楼村建档立卡贫困户陈好学提起"网上卖红薯"喜笑颜开。半个月前，陈好学种的沙地红薯喜获丰收，6000多斤红薯在地头被电商公司直接装车结算，经过分拣、包装后快递给外地买家。按照河南省田誉利电子商务有限公司和陈好学签订的红薯收购协议，陈好学网销红薯每斤要比市场价高出3分钱。

电商扶贫让企业显身手，让农产品上行不用愁。2019年6月底，开封市农村有电商企业近2000家、电商商户1000余户；全市累计建成县级电商扶贫公共服务中心6个、乡镇电商扶贫服务站98个、村级电商扶贫服务点2600个，电商扶贫服务站点累计覆盖建档立卡贫困村375个。

开封市商务局统计数据显示，2019年上半年全市实现农产品上行销售额9.36亿元，其中实现贫困地区农产品上行销售额4.08亿元，带动全市贫困家庭增收1000多万元。

电商扶贫，巷深巷浅皆有"酒香"

兰考的五农好酱、尉氏的田誉利鸭蛋、杞县的金杞牌大蒜、祥符区的汴都铺子杂粮粥、通许的脱毒红薯……一个个农村电商分拣车间内，农特产品分拣、打包、发货，到处是一派加班加点的忙碌景象。在开封市，记者发现在电商平台的助力下，这些开封农特产品俨然成了"网红"商品和抢手货。

在位于尉氏县产业集聚区的田誉利电子商务公司分拣车间，大小均匀的黄皮黄心红薯堆积如山，数十名来自周边乡镇的留守妇女正娴熟地将红薯装箱打包，现场胶带封装快递包裹的声音不绝于耳，响彻整个车间，打印出的快递单展开有五六米长。"我们最近卖的都是祥符区范村乡扶贫基地的红薯，平均每天要发货 3 万单左右。"公司经理李宇田说。

尉氏县大桥乡要庄村的要大姐在田誉利电商分拣车间打零工，计件工资，日结算，每天能挣到 100 多元，还不耽误回家给孩子做饭。"前一阵是分拣土豆。这不，红薯集中上市了，我们还得一阵子忙活。"要大姐说。

作为尉氏县出了名的"电商达人"，李宇田"触网"以来，一直为解决本地农产品销路不畅问题而努力。2017 年，他的公司入驻电商平台，开设田誉利特产店，主营尉氏特产咸鸭蛋。当年"双十一"前夕第一次做秒杀活动，累计 4000 单咸鸭蛋，不到 2 小时销售完毕。2018 年 3 月至 4 月，由于鲜蒜即将上市，冷库老蒜一直掉价，李宇田和尉氏县电商园区多家公司联合在电商平台销售大蒜，总计销售近百吨。

一根网线，连通的是大千世界；一台电脑，叩开的是增收之门。因为电商，千里万里都近在咫尺；因为电商，巷深巷浅皆有"酒香"。尉氏县商务局相关负责人介绍："我们电商扶贫最大的特点就是助推农产品上行。农民种的红薯、土豆、洋葱、辣椒，啥下来电商就第一时间卖啥。"

"互联网＋"成就"新农人"创业梦想

吴铁信是尉氏县十八镇申庄村已脱贫的建档立卡贫困户，他还有一个身份是农村电子商务代办员，也就是网络经纪人。

据介绍，尉氏县商会将全县日用百货总代理资源进行整合，建设尉氏县电子商务扶贫平台，发布贫困户产销信息，打造了线上"扶贫超市"。在这个电商平台上，大到家电、小至针线，应有尽有。通过这个平台，也打破了贫困户与市场间的壁垒。

由于目前大多数贫困户不懂网销，也缺少销售渠道，参加过电商培训的吴铁信从中看到了商机。他通过网络代买代卖抽取佣金，一方面在电商平台上为三里五庄的代销点、小卖部下单进货，即代购；另一方面在电商平台为贫困户发布产销信息，联系电商团队以比市场价略高的价格帮助贫困户网销产品，即代卖。吴铁信每月仅佣金收入就达数千元，成了当地有名的网络经纪人。"我就是网络时代的搬运工，幸福都是奋斗出来的，只要肯干就一定能脱贫！"吴铁信笑着说。

据介绍，开封市商务局专门设立了电子商务科，来推动开封大蒜、咸鸭蛋、花生、洋葱等农村特色产品网上销售，在京东开设了中国特产·开封扶贫馆。杞县、祥符区、通许县、兰考县等分别围绕本地特色产品在多家电商平台开设了地区特产馆、扶贫馆，尉氏县建设电子商务扶贫平台销售地方农副产品。开封市多个电商企业在多家电商平台开设助农扶贫网店180多个，上架本地特色农产品300多种。2019年上半年全市通过电商平台销售大蒜1580万斤、蒜薹520万斤，网销土豆200多万斤，鸭蛋、皮蛋、鹌鹑蛋共计1.15亿枚。

电商助力脱贫路上"最后一公里"

开封本地特色农产品和地理标志产品众多，如何让线下好产品变成网上畅销品、让好的农产品卖个好价钱？品牌运营是关键。一言以蔽之，让贫困户带着自家农产品顺顺利利地上网"赶集"，需要探索走出一条农产品品牌化、生产标准化和品质标准化之路。

作为兰考县农副产品企业代表，五农好食品公司借助自身电商平台，为本土农副产品企业走出兰考做"前哨站"。如今，五农好酱、嗑豁牙瓜子、五农好花生、蜜瓜粗等产品已经驰名全国。五农好食品公司董事长李俊立介绍，公司利用自身非物质文化遗产技艺传承的优势，不断延长产业链条，在黄豆酱、辣椒酱、虫草酱等生产线基础上，新增小麦加工生产线，以此打造成为兰考有机绿色农副产品深加工基地。

为促进县域农产品依托电商渠道实现集中上行、放量上行、量产量销，兰考县设置了电商产品上行服务中心，专注服务兰考电商品牌农产品上行，为推动本地农产品上行的电商企业无偿配置打包工作台、托盘车、移动隔断、办公设备等上行基础设施，鼓励电商企业联络"电商供应链"平台企业和"落地配"公司，充分整合线上蜜瓜、红薯等同类农产品网上派单资源和线下联络资源，全力助推兰考蜜瓜、红薯、蜜桃等特色农产品上行。

构建农村电商发展新模式，打造减贫增收新引擎。在脱贫攻坚这场时代大考中，电商扶贫打通了开封市精准扶贫"最后一公里"，不仅鼓起了群众的"口袋"，也丰富了群众的"脑袋"，改变了贫困群众的生产、生活方式，带动贫困群众更加主动、自信、坚定地走上脱贫致富路。

农村信息化篇

供销农产　互联互通
——辽宁省供销系统发展农村电商推进农产品现代流通体系建设纪实

于险峰　张仁军

6月27日，以"供销农产、互联互通"为主题的2019辽宁省农产品产销对接会暨中国供销电子商务发展联盟辽宁分盟成立大会在沈阳市铁西区彰驿站村盛京驿站举行。供销e家借助供销总社全国的线下渠道优势，结合新零售的创新营销模式，推出的新型终端售卖模式"快闪集市"也在本次对接会上首次亮相。据了解，"快闪集市"是可以快速搭建的以无人售货模式、集中式营销为主要特点的供销乡村集市，它可以快速组建社群营销，发挥供销社的"一链一店式"服务优势。

辽宁省供销合作社联合社理事会主任肖涵说，本次大会为省内外众多生产基地、家庭农场、合作社、流通企业和采购商等搭建合作交流平台，推动农产品流通产销对接。近年来，全省供销社把参与推进辽宁乡村振兴作为工作总抓手，坚持以农业供给侧结构性改革为主线，积极开展物流配送，拓宽农产品流通渠道，加快推介优质特色农产品走出辽宁。同时大力发展农村电子商务，开展农产品检验检测，有效保障农产品质量安全，较好地解决了农民"卖难"、市民"买贵"和农产品质量安全问题。

发展县域电子商务，加强农产品现代流通体系建设

在年初举行的辽宁省供销社推进农产品现代流通体系建设新闻发布会上，省供销社相关领导表示，2019年辽宁省供销社将大力发展县域电子商务，扩大农产品销售；同时积极推进系统内乡村网点信息化改造，整合现有农村电商资源，按照"县有电商运营中心、乡镇有服务站、村有服务点"的发展模式，因地制宜发展区域电商和专业电商，形成多层次、多形式农村电商服务体系，推动线上线下融合发展，打造供销社电商核心竞争优势。

中国供销电子商务发展联盟辽宁分盟的成立是对此的一个回应。中华全国供销总社经济发展与改革部现代流通处负责人说，当前电子商务已成为加速农产品上行、加快农产品产销对接的重要方式。此次辽宁分盟的成立，将为供销系统内外单位、个人、社会团体搭建一个开放合作的交流平台，促进各类资金整合、共享，助力辽宁省农村电商、农产品电商健康有序发展。

具有多年电商运营经验的沐诺农场创始人王胜君认为，中国供销电子商务发展联盟辽宁分盟的成立，将为辽宁传统企业转型服务，与实体企业合作共建农产品电商交易平台和农村电商服务体系。分盟成为辽宁本土环境下诞生的一种全新模式，立足辽沈区域特点，原产地农产品"互联网+"牵引农产品流通模式转变，依靠现代农业技术服务、品牌价值支持和农产品深加工等高品质高价值回报，降低了农业生产成本，增加了农民收入，间接拉动了区域经济增长，全面推进了以农业产业化发展为导向的资源优化组合。

辽宁省供销社积极创新经营服务模式，探索"互联网+农村物流"，大力推进县域电子商务运营中心建设，初步形成了"县有运营

中心、乡镇有实体店、村有服务站"的线上线下融合发展格局。截至2019年7月全省供销社发展电商服务平台38个，建成乡村电商服务站点425个。沈阳"供销快线"、庄河"凤百年"、桓仁"源宝裕农"、朝阳"农品网"等一批县域电子商务平台，已逐步成为引导当地农民提升市场开拓能力和农产品营销能力的重要渠道，有力地促进了"网货进村入户，农货上网进城"。

辽宁省供销社充分发挥农民合作经济组织和涉农企业的龙头带动作用，一方面通过引导农民发展订单产业，一方面大力推广基地直采直供、连锁配送、产销对接、农村电商等经营方式，积极开展城市统一配送、共同配送，大力推进农产品进市场、进超市、进社区、进团体的"四进"工程，努力实现从产地到餐桌无二次批发，减少流通环节，降低流通费用，从而较好地解决了市民"买贵"、农民"卖难"问题。

线上线下融合发展，供销快线促进城乡双向流通

近年来，沈阳市着眼农产品现代流通体系建设，开展了多种形式的惠农助农产销对接活动，扩大了沈阳市农产品知名度，建立了新型高效的农产品流通体系。在沈阳市的《乡村振兴战略规划》中，明确提出加快推进农村电子商务工程；政府的"十三五"规划也确定了农村电商示范基地建设工程，计划到2022年培育农村电子商务主体1500家以上，发展一批农产品电商企业和合作社经营主体，农村电子商务交易额突破100亿元。

沈阳市供销合作社联合社理事会副主任孔德树表示，从2015年沈阳市供销社推进综合改革以来，农村电商体系建设已初具规模，带动力也明显增强。下一步全系统要始终坚持为农服务根本方向，重点在

农产品电子商务、社会化服务平台、县域电商运营中心和电商人才培养等方面做优做强，合力共建，推动沈阳市农村电子商务建设又快又好发展，助力沈阳乡村振兴战略实施。

此次农产品产销对接会，沈阳市共组织一木山楂、一栗、豆华天宝、鹤湖米业、金鑫华腾米业、沈阳供销快线、京东东北分公司等178家农业企业、农民专业合作社、农民经纪人及种植养殖大户参加，进行展销、洽谈、对接并进行了现场签约活动，一些农民专业合作社也与农产品流通企业达成销售意向。

渠道下沉，挖掘供销系统产销衔接优势

2019年大连市的露地樱桃还未上市，但围绕线上线下的樱桃营销推广战役已经提前打响。5月19日，由大连市政府举办的"大连网络樱桃节"提前在北京世博园启幕。此次活动主要依托阿里巴巴旗下饿了么和口碑网两家平台，结合大连菜篮子工程建设工作，阿里巴巴专门为"大连大樱桃"线上销售提供100万元红包补贴，并且通过支付宝、饿了么、口碑网三大平台提供亿级流量支持，提升"大连大樱桃"线上销售规模。

沈阳市供销社建设电商平台，打造了供销快线这一市级农产品和农村电商综合平台，自主研发的供销食材ERP管理平台已经与总社电商公司签订联合推广协议，正在向全国推广，已签署合同10家，达成合作意向29家，上线运行4家。并探索建立基地与市场对接模式，依托下属的沈阳秋实种苗有限公司繁育基地，搞订单生产，年育苗能力由3000万株提升到5000万株，农户只负责种，农产品由公司负责帮助对接销售渠道，与地利生鲜连锁超市合作，每天定向出售农户的蔬果达40万斤，农户不再为"种啥卖哪"发愁，从而保证农户收入的

增加。

供销系统具有发展电商的诸多优势，既有生产基地，又有市场与物流配送，更有众多的销售网点。全省供销系统已建成各类农产品生产基地 272 个，培育各类农产品市场 55 个，发展农产品配送中心 46 个，乡镇物流节点 219 个，冷藏冷冻库 500 多个，购置冷链运输车辆 600 多台，发展农产品终端销售网点和社区便利店 1800 多个，围绕生产、流通、消费三个环节，初步构建起了农产品现代流通体系，为促进全省经济社会发展作出了积极贡献。

辽宁省农村电商蓬勃发展，京东、苏宁、新益农、邮农丰和乐村淘等 20 余家省内外知名电商企业和平台加快布局辽宁。辽宁省各地商务主管部门积极与农业部门、供销社和邮政局等相关单位加强合作，共同推动全省农村电商工作。据统计，2018 年辽宁省农村网络交易额为 395.1 亿元，同比增长 37.9%。全省累计开展农村电商培训 8 万人次，带动创业就业近 15 万人，电商精准扶贫帮扶人数超过 1 万人。

山西"老供销"携手"新电商"卖农货

张　婷　郎卫国

近年来，山西省地方政府、电商平台都在努力探索着一条脱贫致富的路径——电商扶贫。随着农村电商的发展，曾经"山货"无销路、卖不出好价钱、农民不能致富等诸多问题得到缓解。

依托健全的农产品体系和网络优势，山西省供销社蹚出了一条适合自己的路子，使得本土优质农特产品得以远销，品牌工业品顺利通过农村"最后一公里"，成为山西省电商助农脱贫的重要力量。

"网上订单噌噌地涨！上线第一天，一个小时就突破 70 单，销售额近 3 万元。"山西富朔供销电子商务有限公司的销售经理李小平说，通过多家电商平台，他们将一批批羊肉、沙棘汁、小杂粮饼干等特色农产品卖出了大山。

线上接单，线下原产地当天发货，山里的特色农产品经过挑选、装箱后被搬上卡车。为推动优质农产品出山，朔州市供销社线上线下齐发力，带动当地农民增收致富。

在吕梁方山县，中药材、沙棘汁、野木耳、核桃等特色农产品美誉全国，可是多年来销售渠道单一，农民增产不增收。吕梁市供销社积极适应市场发展需求，以发展电商为切入点，发挥供销社品牌优势，构建农村销售网络。

方山县电商公共服务中心自 2018 年 8 月运营以来，为全县电子商务发展提供集人才培训、产品体系规划、农产品上行、服务外包等一系列服务，使乡镇物流覆盖率达到100%。截至2019年3月已有12户电商企业入驻。

在忻州市五台县台城镇，最早"吆喝"电商能致富的，不是政府和企业，而是当地农民。

"我自己有30亩地，打算都种杂粮，把产品挂在平台上，一亩地下来能赚2000元。"台城镇高家庄村老王头儿言语里透着自信和欢喜。

三年前情况可没有这么乐观。过去当地农户种植的小米、土豆、红薯等要想卖出去，全凭外省大车进村拉货，买方一口价，农户没有谈价的主动权。

这一切，在当地电商平台上线后出现了转机。经过两年的发展逐步形成了"1+N"模式，负责人李双龙介绍，"1"就是充分发挥五台县"供销e家"县级运营中心功能，"N"代表多个电子商务村级服务站，统一管理、统一组织、统一包装、统一品牌。销路打开了，价钱也上去了，老百姓大胆搞起农业种植，如今家家户户都在算着增收账。

最近，台城镇政府与省供销社达成协议，2019年台城镇西沟八村1000亩20万斤优质小米得到帮扶包销，其中贫困村占到了5个，以前杂粮最多卖2.5元/斤，现在能卖到4元，帮扶行动覆盖了5个贫困村，602户贫困户，让907名贫困人口脱贫。

解决了农特产品卖得出去的问题，仍需面对农特产品卖出好价钱的问题。提升农产品附加值，一直是庄户人多年来的梦想。农芯乐的上线运营，正是为了解决这个问题。

农芯乐是省供销社旗下农产品电商平台，自成立以来就致力于为山西农特产品寻找多元化销售渠道，提升附加值。

"每到一个节气，激活一款商品，推介一个县域……"

农芯乐推出的"走出山西网上行"活动，以"二十四节气"为载体，与山西悠久文化历史相结合，择优选取节气所代表的农产品借势营销，给每个节气配上一个动人的故事，邀请养生专家推介节气膳食，倡导应时令、按季节进补的饮食文化，助推鲜活农产品销售。

有了美丽的传说和进补方式，农产品"飞"出了山沟沟。2018 年夏天，阳高大接杏销售 6 万多斤，销售额 32 万元；立秋和处暑，贫困县的冬枣、黑糯玉米杂粮在网上热卖，线上销售冬枣和黑糯玉米共计 15 万元，第三方平台线上成交额近 60 万元……一年 22 场鲜活农产品"走出山西网上行"活动，带动 120 个专业合作社、3000 户社员、近万名农户、200 多家企业参展，销售各类农产品 2.5 亿元，比上年增长 25%，山西鲜活农产品的知名度和影响力迅速提升。

"农村不缺好东西，关键要有渠道，打造品牌，提高产品附加值。我们一方面以电商进贫困村为突破口，建立健全覆盖全县的电商网络，搞定农产品进城的'最初一公里'。另一方面，借力供销电商'国家队'优势，与全国知名家电品牌强强联手，打通一条适合农民实际需求的工业品下行快速通道，搞定工业品下乡的'最后一公里'。"山西供销农芯乐董事长杨培龙道出了农芯乐电商扶贫的"秘密"。

田园枝江 电商兴农

何红卫 乐明凯

三峡水乡，田园枝江。湖北宜昌枝江市位于鄂西山区与江汉平原的过渡地带，属荆江之首、三峡之末，物产丰富，是传统农业大市。近年来，枝江市抢抓"互联网+"发展机遇，以电子商务促进乡村振兴，一跃成为中西部地区农村电商先进县市。

"因为电商，枝江乡村变美了、变富了。因为电商，田园枝江将更美好！"枝江市委书记刘丰雷说，枝江把大力发展电子商务作为转变经济发展方式的重要支柱产业来抓，营造电商发展新环境，搭建电商发展新平台，探索电商助农新模式，全市电子商务产业实现了跨越式发展，有力促进了农业农村经济转型升级。

电商和农业科技结合，合作社尝到了甜头

"合作社开了网店后，再不能用老办法种稻了，要用新品种、新技术来适应网货特性，科学种田才能越种越甜。"枝江市旺发水稻专业合作社理事长李家望深有体会，传统种粮效益的减少，曾让他萌生退田的想法。2016年，全县兴起电商热，他也尝试参与进去，迅速掌握了销售主动权，在外打工的儿子也被叫回来帮忙，合作社的网店现已入驻枝江问安镇同心桥村的电商产业园，主销高端优质米等农副产品。

2019年9月中旬，李家望指着枝江董市镇石坪村一片50多亩丰收

在望的水稻田向记者介绍，这就是网店的生产基地之一，种了"虾乡稻1号"等新品种，稻米外观好、口感好。

尝到电商和科技结合甜头的，还有枝江仙女镇向巷村党支部书记、桔缘柑橘合作社理事长周代年。他是一位回乡能人，有着丰富的柑橘营销经验，探索了"合作社＋村集体＋小农户＋适度规模化标准化建园"的柑橘种植模式。

"传统渠道回款慢，市场批发利润薄，网销走精品柑橘最好。"周代年说，这几年，合作社下属的桔缘电商入驻了多个电商平台，采取线上线下并轨销售，"爱媛38"等爆款柑橘品种很适合网销。

"枝江是水果大县，百里洲砂梨曾远近闻名，有授权的合作社才能使用统一的可追溯二维码和包装进行外销。"枝江百里洲镇农技中心农艺师李道勇说，电商选用的砂梨新品种，首先从果形上就要让消费者爱不释手，这就倒逼产业技术进行改良。

枝江农村电商的快速发展，优化了农产品的生产、流通、消费等环节，重构了枝江农产品产业链，每年11万多吨的枝江特色、精品农产品通过互联网走向全球。枝江市农业农村局负责人介绍，枝江一头紧紧抓住科技兴农关键，加大标准化农产品生产基地建设力度，强化对农产品源头管理，做到全程可追溯管理；一头有针对性地支持培训鼓励更多新型职业农民试水农产品电商化营销，让优质农产品"触网""触电"，推动农产品上行。

线上线下一体，叫响"枝滋有味"农产品公共品牌

网销农产品的质量靠农业科技，信誉要靠品牌。在枝江北站、宜昌三峡机场的线下体验店，在一些电商的线上品牌馆，琳琅满目的"枝滋有味"农产品备受青睐。

　　"枝滋有味"，是枝江市农产品公共品牌，定位为中高端生态农产品公共品牌，是枝江市及周边地区众多优质特色农产品的产地备注和品牌集合，以"线下体验＋线上销售"的新零售营销模式运营。在枝江电商产业园，建有"枝滋有味"农产品品牌建设中心和质量安全溯源中心，构筑起品牌质量"护城河"。

　　打开"枝滋有味"礼盒装，"谦泰吉"白酒、"中蔬聚然品"酱菜、覃姐鱼糕、七星麻油……除自有品牌外，这些特色农产品商品包装外还贴有"枝滋有味"统一标识，通过"公共品牌＋自有品牌＋特色产业子品牌"的运营方式，有效提升特色农产品的品牌影响力和市场竞争力。尤其是"枝滋有味"特色品牌大米和土鸡蛋，受到周边市民追捧。

　　近两年来，"枝滋有味"以枝江市农民专业合作社联合会旗下400余家会员单位生产的蔬菜、水果、粮棉油、畜禽、水产、苗木六大品类优质农产品为支撑，鲜明标识出"三峡水乡"独特的自然地理和丰厚的历史文化内涵。

　　为确保品牌信誉度，枝江市农合联面向终端消费群体，建成集农产品溯源防伪、供应链管控服务、数据营销服务等多功能于一体的溯源防伪平台，让每一件"枝滋有味"农产品拥有不可复制、不可替代的身份标识，进一步完善农产品品牌建设支撑配套，提高农产品的附加值。目前已建成"'枝滋有味'电商综合教学室"和"农产品视觉效果培训室"，采用"线上线下一体""模拟培训＋实操运营"的模式，为品牌运营输送专业人才。

　　枝江市积极探索"电商＋合作社＋基地＋农户"经营模式，整合本地特色农产品资源"触网"叫卖，叫响"枝滋有味"区域公共品牌，一批在湖北省乃至全国具有较高知名度、较强竞争力的特色农产品在互联网上脱颖而出，美誉度大幅提升，并辐射带动一批重点新型农业经营主体和农产品规模化生产基地。

枝江市农合联负责人李国强表示，将努力探索品牌化、标准化、市场化、电商化发展的现代生态精品农业区域公共品牌建设模式，进一步推动"枝滋有味"品牌做大做强。

从脱贫攻坚到乡村振兴，电商传播助力建设新家园

海岛太远，"马岛"很近，这里有美景、有美食，一样的沙滩，一样的诗与远方……中秋、国庆期间，枝江市周边的宜昌、荆州部分市民的朋友圈里转发着关于马羊洲这座"诗经小岛"的乡村游信息。

马羊洲村位于枝江七星台镇东南角，是由江水冲刷而成的一座生态小岛。乘坐轮渡上岛，可见干净素雅的林荫小道、清新自然的青草芬芳、恬静优美的3D墙绘。走上观景台，浩荡长江尽收眼底，天然的江边沙滩与婉清池、蒹葭巷、美人桥等具有诗经意象的村间景观小品，呈现出一派田园水乡风光。

5年前的马羊洲，还只是一个偏远落后贫困"孤洲"。精准扶贫工作开展以来，枝江市先后两任市委书记数次上岛深度调研，村内基础设施得到极大改善。而过去曾让马羊洲发展受限的四面环水区位因素，在互联网时代，却变成乡村旅游难得的自然资源。

在枝江市委、市政府的统一部署下，七星台镇党委、镇政府聘请"绿乡萌"乡建智库进驻马羊洲，通过陪伴式指导，释放农民内生动力，成立全民多要素田园旅游专业合作社，按照国际先进理念进行规划设计，发挥文化创意量身定做优势，遵循小拆小建、循环利用原则，进行施工建设、民宿改造，并通过互联网开展诗经文化、"马岛"旗袍秀、美食节等"新奇特"事件营销，带动用户流量，终让马羊洲破茧新生，实现弯道超越，成为枝江乡村振兴真抓实干的典型。

2019年以来，马羊洲的生态果蔬也加快"走出去"进程，枝江市

副市长多次带队到武汉的福星、保利等大型社区，向市民推介马羊洲和枝江优质农产品。通过网购渠道，枝江优质农产品可从田间直供市民餐桌。有条件的市民还可以上岛，亲身游历网货的原产地。

枝江境内虽无名山大川，也缺奇景胜迹，但有休闲观光农业的新景点。通过新媒体等社交分享模式宣传推广，2018年枝江乡村旅游产值同比增长28.6%，农业的"可看性"和农民的"获得感"大大增强，促进了农业产业体系变革。

农民既是农村电商中的生产者，又是消费者。枝江市委有关领导介绍，枝江制定了电子商务精准扶贫领头人工作计划，优先在贫困村建设电子商务公共服务站点，积极参加各大电商平台举办的电商扶贫活动。在枝江，一根神奇的网线，逐步使村民实现了购物、农产品销售、看病、金融、政务服务"五个不出村"。农民通过互联网享受着和城里人一样便捷的服务。如今，越来越多的年轻人回乡创业、发展电商，不久将成为枝江乡村治理的主力军，为建设现代化田园城市积蓄力量。

农业产业添活力　乡村生活享便利

——山东新泰实施"电商兴市"战略

蒋欣然

"过去卖个东西，要挑着扁担走几里路；现在坐在家里，点点鼠标，产品就能销到国外去。""留在村里没事做，出去打工赚得多；现在村里跑物流、开网店，一年到头赚不完。"几句顺口溜道出了山东新泰市农民对农产品电商发展的切身体会。

"制约农业发展关键瓶颈问题之一在于产地与市场的对接不畅，传统的流通模式中，农民基本上没有'话语权'，在农产品'价格分层'中处于底层，承担最大风险，获取最小利益。电商具有信息开放性、及时性、全面性、准确性等特性，可以实现生产者与消费者进行'直连'，极大地提高农民生产积极性。"新泰市商务局副局长刘永说。

山东省新泰市是全国粮食生产先进县、全省出口农产品质量安全示范区，蔬菜、林果、畜牧特色产业优势明显。近年来，新泰市大力实施"电商兴市"战略，坚持把发展电子商务作为全市经济转型升级的重要平台。随着农村电子商务的发展，新泰的农业产业正发生着生态上的巨变，也为县域经济转型发展提供了新动力。

电商服务中心：让网销更有组织

"快让我看看，今天又带着你家什么产品来直播了。"新泰市龙廷镇电商服务中心负责人马玉东跟前来直播的农户又攀谈了起来。每天下午2点到4点是服务中心的直播间最忙的时候，40多平方米的直播厅挤满了想展示自家产品的农户。

看到这一幕，很难想象这个小镇也曾饱受农产品滞销的苦楚。对此，龙廷镇掌平洼村的果农杨洪勇深有体会。2007年，村里的杏梅大量滞销，来收购的商贩伸脚踢一踢装杏梅的筐子，就随便给出个价格。眼看商贩将价格越开越低，果农纷纷求助村党支部书记刘方军，想让他帮着找门路、想办法。

2008年，刘方军带着几个懂技术、做过生意的果农到南京找销路，拉来了一些客户。他们给出的收购价比当地的商贩每斤高出1元钱。杨洪勇第一次意识到，"酒香也怕巷子深"，农产品要想卖个好价钱，就得扩大市场，让更多的人知道。2010年，杨洪勇开始学着在网上卖自家的农产品，生意还算过得去。

2017年，由山东佳禾电子商务有限公司运营管理的龙廷电商服务中心正式成立，杨洪勇的杏梅又迎来了发展的新机遇。原来一斤3元的杏梅，杨洪勇自己在网上卖每斤就能多赚一两块钱，可经过服务中心上线之后，身价不仅翻番，甚至供不应求。

"农户自己上网卖产品，形式还是比较单一。我们服务中心通过对镇上的农产品进行发掘优化，像杏梅、板栗、核桃，公司为他们统一注册了福果龙廷农产品品牌，由专业人员来教他们怎么对农产品进行包括A、B、C级分类等一系列指导，对农产品实行质控、仓储、配送、包装、加工、金融服务'六统一'管理，再提供给一些大的电商平台，线上价格能提高几倍。现在光周边和我们对接的农户就达到近300户，还包括一些大型的合作社。"说起电商经验，马玉东滔滔不绝。

除了发掘优化，服务中心还注重培养农村电商人才。借鉴现在很火的直播营销，服务中心专门设立了一个直播厅，配有四个机位，还

龙廷电商服务站的主播曹丽通过线上直播的形式销售农产品

免费为农户进行直播教学，培养本土"网红"。30多岁的曹丽现在每天都要直播两小时，2018年，她直播的产品"金面杖"系列，年销售额达到800万元。"第一次直播也很紧张，话都不太会说，两个小时下来，也没什么人下单；现在干的时间长了，越来越掌握了门道，每场直播平均都能有几千个关注。"曹丽说。

新泰特产馆：把农产品卖到远方

　　新泰市这一系列响应国家乡村振兴战略的举措切实为农民带来收益的同时，也吸引了企业的关注和支持。京东集团与新泰签署"互联网+"新经济发展项目战略合作协议，立足产业优势，双方携手打造"京东云鲁中电商示范基地"，助力乡村振兴战略规划的落地实施。

　　作为京东技术、资源、服务的输出窗口，京东云为新泰量身制定了电商企业培育指导计划，其中，京东新泰特产馆成为京东云鲁中电商示范基地落地后的第一个扶持主体。特产馆不仅展示新泰县各地乡镇上行京东的特色优质农产品，同时也是新泰农业产业化经营发展成果的集中亮相。

5月18日，2019中国·新泰樱桃节暨经贸文化合作交流会开幕式在新泰市莲花山拉开帷幕。"京东新泰特产馆线上销售"活动成为本届樱桃节一大亮点，也助力新泰农产品实现了销售业绩的大幅增长。

据新泰特产馆代运营负责人王丽媛介绍，为了更好地打造新泰樱桃节品牌，5月初京东云运用大数据技术分析全国樱桃产销情况，从而有的放矢地在北京二环金宝街、广州天河北、山东济南和青岛等地进行户外电子广告屏投放，打出"三圣山水天赐新泰""樱你而来　桃醉新泰"的城市宣传语，为新泰樱桃进行区域品牌推广，同时为樱桃节预热宣传。在线上，京东电商平台提前预售新泰樱桃，打出1元抵20元订金的促销活动，开售不到10天，线上就突破2000订单。

"京东通过开设京东新泰特产馆，提供产品上行、企业上云、数字化品牌建设等服务，使新泰特色产品通达全国市场，并促进整个产业链上下游的协同发展。"京东云县域云负责人介绍。

现在京东新泰特产馆上线了当地70多种产品，要让产品更受消费者的喜爱，就要慎重选品，因此选品成为一个极为重要的环节。1991年出生的杨斌现在是京东新泰特产馆的买手，由他选择的羊角蜜和杏梅这两款农产品刚一上线，就被抢购一空。

"我原来做过电商也搞过农业，对种植、销售都有些了解。像我们选择的羊角蜜，本身在新泰就有10多年的产业基础，可农户大都批发给周边的贩子，赚不了什么钱。特产馆上线后，我们线上推出了羊角蜜5斤装礼盒，每盒羊角蜜的个数都控制在4到5个，采用京东生鲜特制包装，严格控制运输时间，保证客户收到羊角蜜的时候瓜茎还是湿润的。"杨斌说。

王丽媛介绍，新泰特产馆借助京东大数据，实现了线上客户精准画像，能为本地农产品提升包装口味规格，打造符合消费者需求的好产品，也为未来农产品开发提供准确的方向。

"买卖提"服务站：网"路"通到家

当然，惠及乡镇市，打造成功典型的同时，新泰市也在发力打通"最后一公里"，让住户分散、位置偏远的农村地区也享受到互联网时代电商的便利。在山东省新泰市，新农村电子商务服务站帮村民们解决了这些难题，让电子商务成为生活中看得见、摸得着的实惠便利。

"过去，最怕儿女给我们老两口寄东西。村里不通快递，每次为了取点东西，俺们都要跑十多公里到镇上的亲戚家取货。有时候东西破损，也不知道怎么退换货，只能干吃'哑巴亏'。自从村里有了服务站，代取快递、退换货物都有专人负责。"年近80岁的曹永德老两口提到的电商服务站正是杞农云商旗下叫作"买卖提"的农村电子商务服务站。这服务站一开，他们老两口就迫不及待地告诉了儿女这个好消息。

"买卖提"大多依托互联网和现有的乡镇便民超市合作，主要为当地村民提供代买代卖的服务。南咼阳大千百货超市便是其中一个站点，老板孙坯千说："村里谁想买东西，我都帮忙。农户有什么特色的农产品，我还能帮着发到网上去卖。"

"买卖提"电子商务负责人介绍，"买卖提"电子商务服务站成立于2014年，初衷是在农村普及和推广电子商务。这几年，随着智能手机在农村的普及，农民对电子商务的接受度和参与度也越来越高。"买卖提"升级为"心宝同城"，从单一的电子商务平台向新零售和社区电商布局，"心宝同城"重点围绕本地20个乡镇，精选特色农产品，搭建平台，推动产品上行，助农增收。

"上次团购的香蕉、樱桃、蓝莓已经到货，大家可以晚上7点半之后来我家取货。还有在超市下单日用品的，8点之后送货上门。"刘娟在微信群里发布着取货信息。她白天是时尚的美甲店店主，晚上就成了"买卖提"社区电商的团长。

刘娟所在的小区，很多家庭存在购物不便的问题，比如住在高层的老人，腿脚不利索，下楼去超市采买非常不方便，现在只需要动动手指，直接"心宝同城"购买，一般的日常用品都能买到。

商城会把周边几公里内的货物统一送到刘娟家，再由她分送给各户。每一单刘娟都能得到商城的部分返利，慢慢地，她逐渐变成社区里"出镜率很高的红人"。作为一名时尚店主，她爱打交道、爱热闹，做团长正好充分发挥了她的特长，这份"副业"不仅轻松，还为她的美甲店吸引了不少新客源。

陕西邮政将好茶带出大山

高 文 张 潇

仲夏的"三秦"大地，到处生机盎然。中国邮政集团陕西省分公司进一步落实发展农村电商，服务乡村振兴，助力精准脱贫的目标任务。全省邮政发挥协同作用，全力确保木耳、茶叶等农特产品寄递服务顺畅有序。

电商扶贫 大有可为

在陕西省商洛市柞水县，当地电商企业"秦岭天下"的仓库里一片繁忙的景象，柞水县邮政工作人员忙着给邮件贴单。柞水木耳成为"网红"后，柞水县邮政第一时间与"秦岭天下"公司联系，将打包车间下沉到木耳基地附近的仓库里，并抽调30多名邮政员工现场包装，及时增派车辆，确保运输时效。忙着给客户出货的"秦岭天下"总经理田金先告诉记者："这几天出货量剧增，邮政员工没日没夜地在我们车间帮忙打包、封箱、装车，连水都顾不上喝，真的让我们特别感动。"

2020年4月21日晚，3个网红直播间同时开售柞水木耳，吸引了2000万网友围观，24吨木耳很快销售一空，当日销售接近8万单，相当于柞水县去年全网4个月的线上销量。4月21日至4月27日，陕西邮政累计收寄柞水木耳近4万件，日均收寄量超过5000件，增长了

125 倍。

面对寄递压力骤增的考验，陕西邮政专门组织寄递、电商、网运团队赴现场对接，给予全程支撑。及时更换、更新了面单打印机和自动打包设备，加快信息上传，借用动力平行滚轮传输机等设备，进一步提升处理能力；省内调度增加了运输车辆，在西安中心局开通绿色通道，对木耳邮件第一时间处理，确保邮件寄递顺畅；为"秦岭天下"等柞水木耳销售电商企业设立专项理赔资金，保障客户用邮体验。

陕西邮政还充分发挥协同优势，在服务"秦岭天下"的同时，做好与当地其他木耳生产企业的对接。并在现有基础上升级改造金米村电商服务站点，组织"秦岭天下"热销农产品上线邮乐平台，进一步优化线上销售渠道。发挥板块联动优势，协调邮政、银行、寄递、保险各大板块共同推进，将"秦岭天下"打造成为惠农合作示范企业，并抽调惠农专班了解当地生产和销售企业的其他需求和困难，推动惠农合作经营，为老百姓将好事做好。

脱贫攻坚　　邮政先行

"总书记说幸福都是奋斗出来的。我们有这么好的条件，一定要把产业发展得更好，让茶山真正成为我们的金山银山。"平利县蒋家坪村党支部书记罗显平说。当地茶叶经销商表示："我们一定要将贫困户的利益和电商结合起来，把我们安康的好茶卖到全国各地去！"

作为将好茶带出大山的"金翅膀"，陕西邮政坚持寄递业务对标行业先进，找差距、补短板，推动茶叶寄递规模新跨越、市占率再提升。聚焦重点单位、重点地区、重点业务和重点客户，因地制宜，抓好茶叶的核心区域和特色市场，全面增强市场竞争能力，深挖农村市场，充分利用好邮政代办点、农村电商服务中心、邮乐购站点等社会代理渠道，扩大收寄范围，扩大服务半径。特别是在茶厂、茶叶店、土特产品销售集中的街道、电商企业周边设立临时收寄点，提供"点对点"服务，保证客户体验。利用标快极速鲜、快包标准箱产品，积极联合地方龙头企业、电商平台开展造包活动，通过电商平台开展秒杀、特价、限时优惠购等手段吸引客户，提高网上销量，做大寄递业务规模。面向全市茶厂、茶叶经销商、茶农进一步开展走访摸排，逐一上门宣传推广邮政春茶包裹寄递业务，持续扩大邮政寄递的市场份额。2020 年 4 月底，各大电商纷纷开展茶叶线上销售活动，平利县茶叶销售、寄递双双迎来井喷式增长。

与此同时，陕西邮政进一步用好用活平利县三级物流体系中的镇级物流配送站、村级物流服务点，通过客户引流、交叉销售，实现综合营销，并逐步依托站点打造农村电商生态圈。聚焦平利县已成规模的绞股蓝、茶叶等特色农产品，通过邮乐网面向全国开展产品宣传，提高产品知名度。同时利用邮政资源，协助平利县当地合作社开发终端销售商，拓展销售渠道，助力合作社扩大销售规模。进一步发挥邮政协同优势，通过在全市开展春茶协同项目，继续为茶商、茶农提供上门收寄服务，并免费安装微邮付，让客户享受更为便捷的资金结算服务。

真情惠民　服务创新

陕西农产品资源十分丰富。洛川苹果、眉县猕猴桃、大荔冬枣、铜川大樱桃、柞水木耳、安康茶叶等一批特色农副产品已经成为极具代表性的"陕西名片"，丰富了全国老百姓的菜篮子，也为邮政业务发展带来机遇。陕西邮政长期立足地方特色，加快探索助农惠农新模式，为农民合作社、家庭农场等新型农业经营主体及产业链上下游客户提供集金融、寄递和电商于一体的综合服务，切实解决农业产前、产中和产后的"融资难""销售难""物流难"。2020年，陕西邮政计划完成"陕西苹果"和"洛南农品"两个基地建设，充分发挥邮政企业商流、物流、资金流"三流合一"的优势，有效激活农村微观经济主体活力，以协同经营模式全面提升邮政企业在农村地区的核心竞争力，进一步提升中国邮政的惠农服务品牌形象。

陕西邮政从聚焦当地优势产业、特色农产品切入，围绕客户需求，充分发挥邮政"三流合一"优势，通过加快推进惠农合作项目，打造洛南农村电商扶贫生态圈，切实服务好农民专业合作社、家庭农场及农业产业链上下游等新兴农业经营主体这一类客户群，助力脱贫攻坚目标圆满完成，并实现与乡村振兴的有效衔接。

陕西邮政邮银保协同，组建省内惠农合作、洛南农村电商扶贫生态圈项目专班，明确通过"1+N"的试点模式（"1"为商洛市洛南县；"N"为省内N个特色农产品县）推进惠农合作项目有序开展。同时按照已制定的洛南农村电商扶贫生态圈建设实施方案，以线上、线下相结合的农产品销售渠道及助农扶智的创业平台解决"销售难"问题；以县乡村三级物流体系建设和快递下乡支持解决"物流难"问题；以涉农贷款、普惠金融等金融和保险支持解决"融资难"问题；依托邮政独特优势打造公共服务、政务服务、便民服务一站式服务平台支持解决"服务难"问题，打造邮政企业带动扶贫和当地发展的特色模式。

财政支持　电商助农　保险兜底

——湖北多措并举解决小龙虾销售问题观察

何红卫　　乐明凯

小龙虾是湖北省当季重要农产品，受新冠肺炎疫情造成的省内消费降低和省外订单减少"双重影响"，湖北小龙虾积压滞销，小龙虾苗种价格低迷。

2020 年 3 月 28 日，湖北省农业农村厅会同省财政部门筹措资金，出台小龙虾收储贷款优惠担保和一次性财政贴息政策，扶持省内收储规模为 300 吨以上（含）的小龙虾加工保鲜收储企业，补贴收储湖北小龙虾养殖户积存的小龙虾，推动小龙虾加工企业提前收储，疏通拓宽小龙虾流通渠道，争取起到"四两拨千斤"的作用。

湖北省国资委、省财政厅管理的湖北省农业信贷担保有限公司对湖北省所有从事小龙虾生产加工经营的担保业务，按 0.5% / 年实行优惠担保费率。同时，对融资需求 300 万元以下的企业实行无抵押信用担保，对具有一定规模、带动力强的产业化龙头企业信用额度可提高至 500 万元，担保额可提高至 1000 万元。湖北省财政对小龙虾加工收储企业 3 月 10 日至 4 月 20 日间的银行贷款给予一次性财政贴息，贴息率为银行基准利率的 50%，贴息期限 3 个月。

财政支持，加工企业提前收储

"有了财政支持的这笔 500 万元无抵押贴息贷款，公司将提前放开小龙虾收购。"湖北省荆州市荆州区金鲤鱼农业科技股份有限公司总经理王诚介绍，公司以小龙虾速冻加工为主业，2019 年销售额超 1 亿元。之前能做的商业贷款都做了，这笔政策贷款就像雪中送炭，体现了政府部门对小龙虾产业的重视。

在往年，小龙虾速冻加工企业一般在小龙虾大量上市价格较低的 4 月中下旬启动收购。王诚说，今年公司提前到 4 月 10 日收储，目前开工通知已宣传到周边各村各户，养殖户非常高兴，这几天正在做加工人员培训等准备工作，将吸纳就业 800 多人。

"不管怎么样，疫情终将过去，生活总要持续，小龙虾等高蛋白食物的消费必不可少。"潜江市昌贵水产食品股份有限公司总经理邹开封说，今年市场上的虾太多了，公司也正在准备提前收储，为养虾农户分忧。同时，公司正在扩大规模，上马智能化加工装备，开发适合家庭消费的小龙虾产品，急需流动资金支持，这次申请了 500 万元额度优惠贷款。

"公司虽不是专业小龙虾收储企业，但在湖北沙洋、潜江、荆州自建了 1 万亩虾稻基地，去年生产销售了 100 多万斤小龙虾。"湖北九牛谷农业科技有限公司总经理全宝生介绍，公司是三产融合型企业，以"公司+基地"带动农户发展，由于目前虾价不高，不少农户采取观望态度，担心后续市场继续下滑，不敢加大动保产品等投入，希望有政策能支持。

荆州市监利县有稻虾共作面积 108 万亩，2019 年小龙虾产量 15 万吨，占湖北省产量的 1/6。在疫情影响下，如何把虾卖出去，近段时间成了当地养虾农户和政府领导的一块心病。目前，在财政贴息、以奖代补等政策支持下，监利县 8 家小龙虾加工企业可如期投产，年加工量约为 10 万吨。

虾稻产业是潜江市的特色产业。3 月 21 日，潜江市举行 2020 年小龙虾开捕仪式，作为疫情防控期间小龙虾产业复工复产的标志性活动，网友们通过直播平台在家体验潜江龙虾从田间到餐桌的全产业链过程。

4 月 5 日，湖北在塘小龙虾约有 7.47 万吨，销售压力较大。据湖北省农业农村厅渔业渔政管理处摸底调查，优惠贷款政策出台后，对缓解湖北小龙虾加工企业资金短缺、扩大养虾农户销售渠道有很大帮助。目前，湖北省加工保鲜收储能力在 300 吨以上（含）的小龙虾加工企业约 50 家，贷款需求额度为 16 亿元。截至 4 月 3 日，正在办理申请延转的贷款有 10 亿元。以湖北省最大的小龙虾加工企业交投莱克水产公司为例，现已申请新增无抵押担保贷款 500 万元，申请贷款一次性贴息 7000 万元。

电商助农，合作社提振信心

"合作社这次申请了 280 万元优惠贷款，省农担公司、县农业农村部门都来关心过，现在敞开收购成品虾，每天用现金给养殖户结算。"荆州市监利县朱河镇春燕渔业专业合作社理事长连春光介绍，合作社有 500 多名社员，年销售 7000 多万元，已在天猫平台上开了专卖店。今年小龙虾的种苗价格与去年同期相比是"断崖式"下跌，现在有了金融支持，能给社员提振信心。

"去年申请贷款时，手续比较麻烦，今年资金以社员筹资为主，暂时没有申请优惠贷款。"监利县星兴湖水产养殖专业合作社理事长徐幼堂介绍，合作社稻田综合种养面积超 1 万亩，今年收购资金是按 2019 年预案准备的，由于今年虾价比去年同期低，目前对贷款持观望态度。

"合作社申请了 100 万元优惠贷款，这几天，小龙虾收购价看涨，提前筹备资金是正确选择。"位于监利县毛市镇的天健小龙虾养殖专业合作社理事长王建告诉记者，3 月，合作社曾在湖北省长投集团的"透明交"等电商平台向武汉供应了几十万斤鲜鱼。目前，小龙虾价格波动较大，仍低于去年同期，尤其对养殖水平较高的养虾农户来说，虾苗收入要占全年收入很大一部分，损失不小。清明之后，虾稻田的小龙虾大量上市，在高峰期合作社每天可收购 8 万斤小龙虾，有了资金和销售渠道，虾一收上来就可以卖出去。

湖北省长投集团"透明交"电商平台负责人尹玉刚说，疫情对小龙虾养殖户影响最大，建议能有更多政策优惠补贴到养殖端。

武汉市民最爱吃活鱼和小龙虾，随着经济复苏，餐饮业中的小龙虾等外卖订单出现了连续增长。武汉市江夏区法泗街道书记卢鹏介绍，区里的基层干部正在响应区委、区政府号召，想方设法帮农户销售小龙虾等农产品，"点对点"联系电商平台，推动小龙虾进社区、进单位、进家庭。

湖北荆门市掇刀区的荆楚石龙水产养殖专业合作社理事长杨太平说，合作社有 6000 多亩养虾面积，合作社优先收购社员、贫困户的虾，还请了专业烧虾师傅，通过网上订单发往荆门周边中心城区，减少中间环节。

据了解，4 月 1 日，湖北小龙虾在淘宝、天猫平台的成交额同比增长 339%，阿里旗下盒马和数字农业事业部又追加 10 亿元采购。4 月 2 日，京东生鲜宣布计划包销 10 万吨、价值约 60 亿元的小龙虾，并制定专项品控服务体系确保品质，加快湖北小龙虾等农产品生鲜行业恢复往日兴盛。

湖北淡水产品产量居全国第一，淡水小龙虾出口产量多年位居全国第一，湖北农产品产量和农业产业链在全国具有重要地位。湖北农业农村厅相关领导介绍，在中央指导组物资保障组和农业农村部组织推动下，湖北省农业农村厅与国内大型电商平台签订战略合作协议。湖北各县市党政领导纷纷在网上为小龙虾、柑橘、茶叶、香菇、莲藕等优质特色农产品代言。湖北正以当前产销问题突出的茶叶、小龙虾和香菇等农产品作为重点和突破口，成立农产品促销专班，充分发挥政府主导作用和市场主体作用，全力抓好质量监管，以重点产品带动全省农产品加快销售，把疫情造成的损失降到最低限度。

保险兜底，确保小龙虾养殖后顾无忧

"去年天气不好，小龙虾产量不高，今年小龙虾价格虽然下跌，但产量在上升。"监利县红城乡朝阳村小龙虾养殖户杨国强说，在产业扶贫政策的支持下，2019年他首次试养12亩稻田虾，年纯收入2.6万元，当年脱贫。

杨国强说，县农业农村局的技术人员上门给他作了一些技术指导，改进捕捞方法和虾沟设施，帮助他科学养殖。今年的天气比较适合小龙虾生长，从3月20日开始，他开始下地笼起捕小龙虾，4月初已收获小龙虾400公斤，其中去年存塘的虾苗300公斤，后续还能再捕小龙虾1000多公斤，只要均价达到16元左右，他的收入与去年就是持平的。

杨国强还购买了虾稻田小龙虾保险。按监利县的保险条款，财政补贴保费60%，对于建档立卡贫困户，财政还可以补贴50%，他每亩仅需支付12元保费。如果因小龙虾发病死亡或者旱涝灾害损失，每亩最高可以赔付1500元。有了保险等政策兜底，他对小龙虾养殖很有信心。

3月14日，由湖北省农业事业发展中心指导，湖北省渔业产销协会运营的"荆楚水产采购网"正式上线，推动湖北水产品"点对点"产销对接。湖北全省各级农业、水产部门正搭建信息互通桥梁，建立一批微信群实现产销直接对接，主动对接电商平台，对接各单位食堂、小区团购。湖北省农业事业发展中心已成立专班，分省内和省外两个市场，助力全省渔民和养殖户卖鱼、卖螃蟹、卖小龙虾，既满足市民吃鱼的需求，又帮助渔民增收。

"政策刺激对小龙虾加工收储是有利的，但加工厂主要起到'水库'的调节作用，小龙虾产业健康发展的根本问题在于正常的餐饮消费终端。湖北的鲜活小龙虾消费市场同样很大，随着夏季小龙虾消费旺季即将到来，现在关键是看小龙虾餐饮产业何时能恢复。"华中农业大学水产学院教授、湖北省虾稻产业协会会长顾泽茂建议，对于农业农村部门和养殖户来说，要加快推广健康养殖的模式和技术，养大虾、养精品虾。可以预见，家庭装消费的小龙虾会成为小龙虾加工厂的主打产品。

电商开辟小康新路径

吴晓燕　鲁　明

"甘肃庄浪梯田富士苹果，皮薄口感脆，久放不糖化，快递包邮，产地直发……"站在果园里，关训兵对着手机屏幕大口大口咬着一颗红富士苹果的同时，频频与网络直播平台上的6万粉丝互动，在他身后，满眼皆是高挂枝头的红苹果。"这是2019年9月底庄浪苹果刚进入采摘上市期，我们在大庄镇果小五苹果基地的果园里，第一次尝试网络直播卖苹果。当天我还邀请了网红'西北周周'一起做直播，请他推介庄浪苹果。"两个多月后，在甘肃省庄浪县水洛镇贺庄村的电商服务点，再度打开保存在手机里的这段视频，身为服务点负责人的关训兵仍难掩内心的激动，"直播效果不错，一颗苹果的售价最高卖到了21元！10斤一箱的苹果，最多一天卖出去1600多箱，帮了基地周边贫困村很多贫困户的大忙。"

坐落在黄土高原丘陵沟壑间的庄浪县，是全国梯田化模范县，也是甘肃省深度贫困县之一。近年来，随着脱贫攻坚进入决胜冲刺的关键阶段，庄浪县大力推动电商精准对接扶贫对象，让特色农产品上网，拓宽销售渠道，有效助推了当地的脱贫攻坚进程。2015年8月，庄浪县被列入国家第二批电子商务进农村综合示范县，该县将电子商务和脱贫攻坚紧密结合，加快一二三产业融合，加大特色农产品融入"互联网+"的力度，助推群众增收致富，取得了显著成效。

庄浪县委书记徐毅说："在脱贫攻坚进入攻坚拔寨的关键阶段，我们进一步加大了电商发展的扶持力度，促进电商与产业深度融合，推动全县传统产业转型升级、高质量发展，帮助贫困群众脱贫奔小康开辟了新路径，加快全县脱贫攻坚进程。"

积极构建县域电商扶贫体系，
重点瞄准贫困村，精准对接贫困户

如今，每到苹果收获季，朱阳亮再也不像以前那样犯愁了，他感觉"卖苹果比以前省事儿多了，收入也高了"。

46 岁的朱阳亮是庄浪县朱店镇中街村的贫困户，家庭负担重，上有年迈的父母需要赡养，下有两个孩子要上学读书，而身为家里"顶梁柱"的他却因外出打工受伤无法从事重体力劳动。"家里种了几亩地苹果，都是邻居帮忙采摘。以前卖苹果要四处打听经销商收苹果的价格、地点，确定后再想办法找车拉过去交售，这对我们家来说比较难。"朱阳亮说，"自从镇上和村里有了电商，情况马上发生了变化，商家不仅上门收购苹果，而且价格还比市场价高出 0.2—0.4 元 / 斤。2019 年，朱店镇电商服务站主动上门，一次性收购了家里的两万斤苹果，比到市场上交售多赚了 8000 元。"

"苹果经销商喜欢盯着种植面积较大的果农、基地做收购。许多贫困户的苹果种植面积小、产量少，只能主动找苹果经销商，交易时也没有议价权。"朱店镇电商服务站负责人朱亚琦说。他从 2013 年开始做电商，主要经销苹果、粉条、油锅盔等庄浪当地特色农产品。几年来，精准对接贫困户，带动贫困村、贫困户发展，一直是朱店镇电商服务站的重要工作。服务站收购的苹果主要来自中街、牛咀两个村，其中超过 8 成都是贫困户的。除了通过电商渠道帮助贫困户销售农特产品，服务站还孵化带动了不少有意愿、有能力的贫困户发展起了电商。

　　"县有中心、乡镇有站、行政村有点，县上通过行政推动，大力健全电商扶贫运营网络，带动贫困户、小微企业实现信息和资源共享，抱团发展。"庄浪县商务局局长田多牛说。近年来，庄浪县大力健全电商扶贫网络体系，在发展物流快递业、培训电商人才、塑造品牌等方面狠下功夫，使电商事业发展驶入了"快车道"。目前，全县拥有省级电商示范企业2家，已建成集商品贸易、物流配送、实训模拟等多功能、多业态于一体的县级电子商务产业园，引进了阿里、邮乐购、供销e家等10家电商平台企业，建成电子商务公共服务中心、特色庄浪馆线下体验中心、县级物流分拣配送中心，孵化企业网商320个、个人网商3000个，共建成19个乡镇电商服务站、283个村级电商服务点，其中建档立卡贫困村电商服务站点132个，占深度贫困村总数的94.3%。电商服务体系的建设，促进"工业品下乡"和"农产品进城"交易额呈增长态势，大大活跃了全县贫困地区的农村消费市场，有效带动了本地经济加快发展。

抓培训育人才强支撑，
线上、线下深度融合拓宽电商扶贫"快车道"

　　记者在庄浪县水洛镇贺庄村电商服务点见到关训兵时，他正在查看自己开发的"易小关"小程序中各种农特产品的销售情况。"我原本在外地干电商，看到家乡的电商发展形势越来越好，便选择回到家乡从事电商。回乡以来，我的主要经营策略是线上、线下差异化分销。目前，服务点的电商营业额月均能达3万元。"关训兵说。自2018年6月"易小关"上线以来，重点经销庄浪的粉条、苹果、亚麻籽油等特色农产品，兼营百合、黑木耳等甘肃知名农特产品，采取线上、线下融合发展的模式，帮助贫困群众拓宽销售渠道，有效增加了他们的收入。

记者在庄浪县采访时了解到，电商扶贫的火热发展，吸引了像关训兵一样的庄浪籍大学毕业生、年轻致富能人返乡创业，投身脱贫攻坚事业。万泉镇高川村电商服务点负责人邵子斌就是一名投身电商扶贫事业的返乡创业青年。"县商务局对全县的返乡青年进行了大力支持，给大家免费提供了办公场所，还不定期组织大家进行电商培训，为返乡创业青年创造了非常有利的条件。"邵子斌说。

"庄浪已逐步打造形成了电子商务发展'大众创业万众创新'的良好格局。"庄浪县电子商务服务中心主任杨雪鸿说。庄浪积极加快培育本土电商人才，针对提高高校毕业生、下岗失业人员、返乡农民工、退伍军人的创新创业能力，大力通过电子商务创业带动和促进他们再就业。全县建立了以庄浪县知行职业培训学校为主导的电商基础培训机构，重点对接贫困村和贫困户开展电商产业扶贫专项培训，帮助建档立卡贫困户掌握利用电子商务平台开展业务，确保每个贫困村有 1 个以上电子商务应用人才或信息员。

"人才是电商发展和电商扶贫体系建设的重要支撑。有了这个支撑，线上、线下才能实现深度融合。"庄浪县有关负责人说。近几年，庄浪通过电商跨境贸易力促线上、线下深度融合，拓宽农产品销路，帮助贫困群众增收致富。2019 年以来，庄浪县大力开展微（电）商扶贫培训和团队建设工作，壮大电商扶贫发展载体，全力拓宽脱贫攻坚的电商"快车道"。

在线上，庄浪县以东西部协作消费扶贫为载体，依托电商公共服务中心、邮乐购、供销 e 家等电商企业，入驻天津市各大实体商超和电商公共服务平台的"电商扶贫特产专区"，积极组织域内电商企业参加农博会、网购节等各类农特产品展会，通过线上、线下结合，帮助贫困地区销售特色产品。

在线下，庄浪县与天津市河西区围绕庄浪苹果、粉条、中药材、土蜂蜜等特色产业，紧盯天津广阔的农产品销售市场，充分发挥两地社会及企业力量的帮扶优势，精心打造了"天津·庄浪东西部扶贫庄浪直营店馆"，共同探索实践出一条市场化运营的东西部扶贫协作消费扶贫模式。

电商搭台助推农产品上行，培育"庄浪"品牌提升扶贫助农效应

通过线上、线下联动，力促农产品渠道销售，推介、培育和打造"庄浪"品牌，帮助贫困群众更好地增收致富，助力全县的脱贫攻坚事业。基于这个目标，庄浪县始终把农特产品上行作为促进农村电商发展的着眼点、发力点和突破点，不断适应市场需求，充分发掘品类更加丰富的优质农特产品，不断增加其附加值，扩大和提升电商扶贫的效果。

记者了解到，为了在互联网上叫响"庄浪"品牌，庄浪县重点开展了网销"一县一品"活动，全力塑造"庄浪"网销品牌。为此，庄浪县充分发挥县级电商公共服务中心专业团队在开展品牌注册、统一包装、网络推广运营等服务方面的实战经验，全力提高地方农产品标准化、品牌化水平。2019年，庄浪县积极组织县电子商务服务中心及部分电商平台和企业采集标准化农特产品、非标准化农产品和乡村旅游资源信息，建立商品信息库，加强农特产品网货监管，制定了生产加工标准，整合开发了适合庄浪苹果、庄浪粉条、果醋、土蜂蜜、中药材、麦秆画等网销农特产品。庄浪县还积极强化质量保障体系建设，扩大安全优质农产品生产规模，按标准种植、生产、加工、包装，促

进农产品商品化和网上销售，着力培育生产基地和小作坊式加工厂，为贫困村提供技术、信息、网上购销等服务，助力庄浪特色农产品的标准化、品牌化、规模化。目前，庄浪已有 10 多类特色农产品成功入驻了阿里巴巴"特色中国·甘肃馆"。

庄浪县委副书记、县长宋树红说："下一步，我们将继续大力推动电商发展，不断提升庄浪品牌在互联网上的影响力和知名度，完善体制机制，探索电商助力脱贫攻坚新模式，以形成可推广、可复制的电商扶贫经验。"

电子商务进农村前景无限
——四川省阿坝州茂县大力发展电商助力精准脱贫

范英娜　高　文

2018年11月，四川省阿坝州茂县电子商务公共服务中心揭幕暨京东茂县特产（扶贫）馆启动仪式在茂县举行。该馆不仅实现了茂县农产品线上线下同步销售，为当地老百姓增收致富奠定了坚实的基础，还使茂县的电商发展迈上了一个新的台阶。

近年来，茂县以电商为平台，依托当地自然环境、生态资源、民族文化等方面优势，大力发展特色生态农业，推动文旅融合发展，培育打造优势特色品牌，统筹整合各方资源，鼓励并发展专业合作社组织、农业企业、农村致富带头人、返乡青年、待业大学生等主体为电商带头人，增强电商发展后劲，推进电子商务进农村工作，推动茂县经济高质量发展。

电商服务站多了，土特产好卖了

"为何不把自己家乡有价值的东西变成宝贝呢！"茂县羌山泉水鸡养殖场负责人马顺彬说。马顺彬看到了家乡优美的生态环境，把目光瞄上了生长在茂县雅都镇海拔2500米以上的羌山泉水生态土鸡。于是，他决心发展土鸡养殖，聘请四川农业大学教授提供技术指导，经过6年时间，建成了13个规模养殖基地。2019年基地养殖生态土鸡达到 7.3 万只以上，每天能捡 3000 多个鸡蛋。

规模扩大了，随之而来的问题也就多了。虽然羌山泉水生态土鸡和鸡蛋得到广大消费者的认可，但是越来越高的物流成本成了马顺彬头疼的问题。快递、包装、品牌打造费用昂贵，能赚到的钱越来越少。

2018 年 8 月，马顺彬参加了电商知识培训，对电商有了新的认识。于是，他加入茂县电商平台，对接京东、淘宝等大型电商平台，对羌山泉水鸡进行分拣、包装、配送及协调售后服务等相关工作，并实现了土鸡蛋仓储配送中心的智能化、标准化、信息化，既降低了物流成本，也扩大了销售渠道。

"入驻茂县电子商务平台以来，电商销售额近 17 万元，我感受到了电商的无限前景。"马顺彬说。

近年来，茂县着力构建农村电子商务三级服务体系，村级电子商务服务站设置覆盖率达 64%。通过整合多家快递企业、电商企业和传统商贸流通企业的物流资源，改造建成茂县电子商务物流配送中心。同时，积极建设现代物流信息化管理服务系统，开辟了多条覆盖城乡的快递配送线路，明确配送时间，规范配送费用，做到乡镇范围内隔天配送、偏远行政村 3 天配送一次。

随着电商渠道的拓展，茂县的青脆李、红脆李、花椒、苹果、羌家蜂蜜、药材等越来越多的优质农产品在多家电商平台茂县特产馆上线。截至 2018 年底，茂县实现电子商务交易额 2.01 亿元，同比增长 93%；实现网络零售额 0.084 亿元，同比增长 56%。

"一户一码"电商扶贫落实处

由于茂县部分村庄地处高海拔山区，交通不便，运输条件差，农产品卖不出好价格。在浙江对口支援工作组的支持下，茂县电子商务公共服务中心实地走访了 21 个乡镇贫困户情况，与 1380 户贫困户签订《贫困户农副产品优先采购合同》，并开发"一户一码"系统。所谓的"一户一码"就是，通过收集来的贫困户农副产品信息，为每一位贫困户产生自己独有的二维码，一个二维码录入系统形成贫困户大数据。然后，统一将贫困户的产品及二维码链接在相应平台发布，各地采购商、经销商通过平台访问了解贫困户的产品及产量后，点击产品展示页面的二维码，可进入贫困户的微店采购农产品。

"一户一码"信息系统可帮助贫困户及时动态地管理销售自家农副产品。贫困户的产品信息通过电商村级站点上传到平台，可以让贫困户的优质农特产品能第一时间卖出去，卖出好价钱。

为进一步让农户了解使用"一户一码"，提升电商普及程度，实现茂县电商融产业、促转型、富群众的目标，从 2018 年 8 月开始，茂县陆续开展了站长操作技能培训及普通群众创业培训，培训内容为微店基本课程、网上开店、宝贝上传、宝贝详情页制作、运费模板设置、店铺装修等课程。

截至 2019 年 5 月，相关培训已累计 82 场 5276 人次。其中乡镇村普及培训 37 场 1961 人次；站长级返乡青年操作技能创业培训 16 期 772人次；农村青年、返乡农民工增值培训 3 期 106 人次；贫困户增值培训1380 人次；贫困户"一户一码"培训 777 人次。

"共享电商"模式实现帮扶共赢

近年来，在浙江省的对口支援下，茂县电商发展在摸索中不断前行，在探索中不断创新，在整合中不断集聚，取得了初步成效。探索形成了茂县"共享电商"发展模式，县域电商中实现了品牌共享、渠道共享、推广共享、人才共享、成果共享，实现了全县电商参与者共同发展。

为了共享品牌，茂县结合自己独特的地理位置和民族特色，主打"羌地圣果"公共区域品牌，茂县电商公共服务中心精心开发了"羌脆李""高原冰糖山苹果""高原樱桃"等县域公共品牌产品。

为了共享渠道，服务中心建立县域产品销售渠道，与首农集团、京东网、赶街网等大型销售平台进行沟通合作，与北京、上海等商超、社区超市供应商进行渠道合作洽谈。

为了扩大县域品牌知名度、影响力，茂县举办了羌脆李文化旅游节、浪潮推广会、中国质量产业链推广会等推广活动，全力推广区域产品品牌。

与此同时，茂县与浙江等地电商产业园在人才资源上共同建立人力资源服务中心，引进各类人才，提供精准的人力资源服务，为茂县电商产业发展注入了新动力。

目前，茂县电子商务公共服务中心已为各类创业者提供了"人人皆可创业"的共享创业服务平台，为农户和企业提供了"品牌保障、渠道共享"的销售平台，探索创建贫困群众积极参与共建共享的支撑平台，全力推进实现"共享电商"发展。

"茂县电商基本实现人才、渠道、团队、商品、物流等多方面资源共享，实现了共建、共享、共赢，形成了独特的茂县'共享电商'模式。"茂县副县长、县电子商务发展领导小组副组长钟刚表示，"未来，茂县还将发挥县级电子商务公共服务中心的带动作用和服务功能，促进三级服务体系的协调和运转，促进全县电商事业有序推进、稳步发展，更好地服务于全县的脱贫攻坚、一二三产业融合发展和乡村振兴。"

小农户接入"线上"大市场

——河北涞水县建立电商配套服务体系

郝凌峰

"每天晚上 8 点半开始,坐在手机前持续三四个小时的直播,一天能卖到 1000 元左右,如果遇到平台搞活动,全天直播,收入能达到 1 万元以上。"在河北省涞水县娄村镇车厂村的林艳文家中,她正忙着直播卖麻核桃,谈起了电商,她兴高采烈。

林艳文种植了 100 多棵麻核桃树,之前一直都是在村里市场上销售,但是销量不太好,后来参加了电商公共服务中心的培训班,学会了修图、网络运营和网络直播等新技术,通过网上销售渠道收益翻番。

2017 年,涞水县成功获批"国家级电子商务进农村综合示范县",重点打造县级电商公共

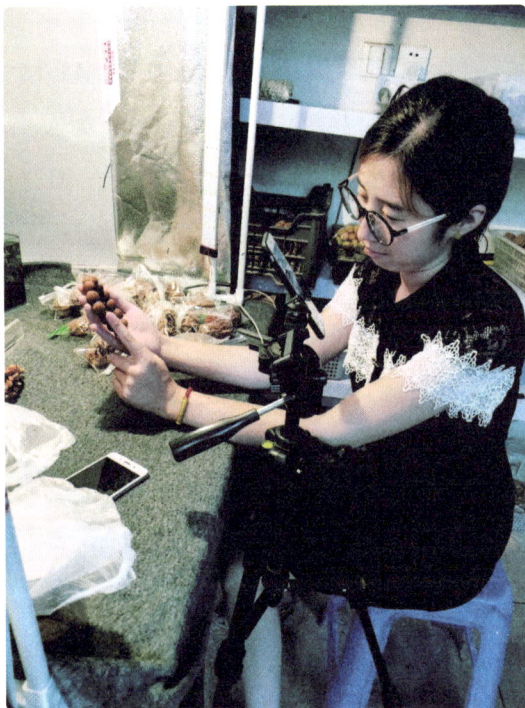

林艳文网络直播售卖麻核桃

服务体系、仓储物流配送体系、村级电商服务三大体系，实现了公共服务、双向流通、推广应用全覆盖。

以县级电商公共服务中心为依托，开设了京东涞水馆、淘宝涞水特色馆、县级服务中心微店，引进了涞赶集扶贫商城系统，入驻了邮乐购全国平台、超级村长等为村民提供网上代购、农产品代销，增加了全县农特产品上行渠道。县级服务中心引进了电商大数据平台，平台集数据采集、存储、计算、展示、分析、监测、监控功能于一体，实现了对全县网销交易额的实时抓取、分析网销产业结构，电商大数据平台全天候、全方位、全过程体现电子商务运营状况，能够及时把握业务进展与成效。截至 2019 年 7 月，涞赶集扶贫商城累计销售额达到 20 万余元，京东涞水馆累计销售额 100 余万元。

在电子商务仓储物流配送中心，涞水县的特产麻核桃、铜火锅，以及其他农特产品打好了大大小小的包裹即将发往全国各地。"这些快递每天是从下边 14 个乡镇点收集上来的，从咱们这儿统一发走。"涞水汇华商贸有限公司总经理晋春雨介绍说。

近年来，涞水县通过运用"互联网 +"模式，把"小散户"接入"大市场"，用"小投入"换回"大收益"。通过深入挖掘贫困地区特色农产品卖点，促进"农产品进城"，实现"线上"与"线下"相结合。以电商大厦为中心覆盖县城及 14 个乡镇的物流配送体系，引进了韵达快递、安能快递、中铁物流等物流快递企业，开设了 14 个乡镇级电商仓储物流配送中心，开通了 5 条县域内物流配送干线，所有乡镇快件当日收发。

在全县范围内建设村级电商服务站，以此增加全县农特产品销售的渠道。为村民提供网上代购、农产品代销服务。2018 年全县网络销售额 7.25 亿元，在河北省 62 个贫困县中位居前列。目前村级电商服务站已对接电动车、燃气灶、液晶电视、化肥等销售业务，累计为 88 个贫困村建档立卡贫困户代购 60 单，累计交易额 5.7 万元，为建档立卡贫困户节省消费支出 1.6 万元。

"原来是想买什么都得骑车到县城去。现在村里成立了服务站，想买什么跟他们一说，就给你送来了，管安装，还便宜实惠，服务态度也挺好。"义安镇南高洛村建档立卡贫困户牛国强没出家门就用上了燃气灶很是高兴。

"扶贫先扶智，治贫先治愚。"涞水县以电商扶智为切入点，坚持把人才培训贯穿在电商发展全过程、各环节，建立统一的电商培训机制，针对不同群众需求，坚持专业提升与普及培训相结合，既开启了民智，掀起了"大众创业万众创新"的热潮，又提升了市场经营的能力，培养了一批依靠电商脱贫致富的典型，为全县电商跨越式发展提供了坚强的人才保障。

自 2015 年 12 月以来，已累计培训 2 万余人次。2018 年，采取在电商大厦集中培训和入村入户培训两种形式，针对 88 个贫困村村民尤其是贫困户、残疾人口行动不便的情况，展开入户培训辅导，针对有学习能力的跟踪辅导培训，截至 2019 年 5 月底已开展培训 668 场次，累计培训 9293 人次，培育网络店铺 293 家，其中贫困人口 3209 人次，协助贫困户开设店铺 44 家。

涞水县在全省 17 个电子商务进农村综合示范县项目绩效考核中取得全省第一的好成绩，并且在评分等级中被评为优秀。这对该县脱贫攻坚，带动更多群众增收致富来说，更是一件喜事。

贫困县创造的"叮咚奇迹"

——山东省曹县"一核两翼"发展农村电商纪实

吕兵兵

"叮咚声响,生意上门!"这几年,以"叮咚"为代表的电商平台消息提示音,已成为山东省曹县乡村最悦耳的声音。大集镇丁楼村 70 岁的老农民任庆勇,扛锄头扛了一辈子,现在却能端坐在电脑前与客户熟练交流:"可别小看俺这双老手,这两年在网上谈成了 1000 多单生意,卖了 40 多万元的货。"

从 2013 年起,曹县吸引人才返乡创业,实现了传统农业生产方式和居民生活方式的转变。曹县县委书记张乾山介绍,曹县电子商务形成了特有"一核两翼"的模式,即以农民大规模电商创业为核心,以电商平台与服务型政府双向赋能为两翼,在农民创新创造、政策支持、基础设施建设、人才培训、组织保障等方面形成了发展合力。2018 年,曹县电子商务销售额达 158 亿元,淘宝村个数达 113 个,带动形成了演出服饰、木制品、农特产品三大电商产业集群加一个跨境电商产业带。

历经"萌芽、发展、扩散、转型"四个阶段

2010 年 3 月,大集镇丁楼村村民周爱华,立足本村有制作演出服装的产业基础,在同学的帮助下在淘宝网上注册了网店。随后,纷至

沓来的订单燃爆了这个小村庄：同村的村民纷纷学着开起了网店，临近村庄一些村民也加入进来，由此产生裂变效应。于是，大集镇的村民们大踏步迈入了电商时代，到2015年累计销售额就达到了12亿元，带动农民人均纯收入翻了一番。

曹县县政府领导说："从最开始的农民创新创造、示范带动、积极参与，到2013年各级政府开始有序介入、引导和培养，曹县农村电商进入了有序的规模化发展阶段。"

2015年到2017年，曹县农村电商迎来了飞速扩张的一个阶段。在这个阶段，曹县政府通过培训促动、典型带动、宣传推动、行政配套、政策先行和提供服务等方面，发挥推力作用来激发市场活力、打造发展环境，促进电商发展。到2017年底，曹县已有大型电商园区6家，各类电商企业3500多家、网店4.7万家，规模以上企业触网达到70%。

2018年以来，曹县农村电商进入转型升级阶段。"一方面推进电商产品向品牌化转变，鼓励电商企业强化品牌意识、科学梳理适合网上销售的特色产品。另一方面推动电商产业升级，打造'e裳小镇'、荷塘小镇、木艺小镇等一批电商特色小镇，在淘宝村集群化发展的基础上，实现园区化、规模化、特色化发展，在发展电商乡村旅游的同时促进三产融合。"该领导说。

形成了"一核两翼"发展模式

"90后"李通毕业于威海职业学院，老家在曹县孙老家镇，大学毕业后进入了一家投资公司任职，工作压力大、任务重，但他还是坚持了两年。在家乡电商产业蓬勃发展的势头下，李通看准了中国结市场的广阔前景，于2017年毅然选择了回乡研发、生产、销售中国结。

"创业对我来说，电商技术和理念不是问题，资金和中国结制作技术才是难题。"李通说，"好在建设车间有项目扶持，资金短缺可申请银行贷款，遇到的困难都在政府的帮助下顺利解决了。目前，我创办的菏泽市中华结工艺品有限公司已有员工 40 余人，年生产中国结 50 万个，年销售额达 350 万元。"

曹县县政府有关领导介绍，充分尊重农民的创新创造能力，发挥能人引领作用，鼓励开展大规模电商创业，是曹县创造电商奇迹的核心经验。曹县拥有 175 万人口基础，大众创业万众创新的创业精神和创新活力根植于普通民众之中，曹县农村电商发展正是以全民草根创业为主，是一种"自下而上"的县域电商发展模式。

电商平台与服务型政府双向赋能构成了曹县经验的"两翼"。"在助力电商发展的过程中，曹县政府始终扮演着'中间人'和推手的角色，一边连接着广大的创业农民，另一边连接着电商平台和其他相关企业，通过连接协调，整合各方资源形成合力，进而满足创业群体的需求。"该领导说。

一根网线带来"乡村巨变"

在曹县采访发现，27 个镇级电子商务服务站和 559 个村级电子商务服务点，已成为乡村最热闹的去处。"别小看这一处电子商务服务点，他联通内外、沟通城乡，彻底改变了传统农民的生产生活方式，让乡村走上了一条颠覆性的发展道路。"大集镇丁楼村党支部书记任庆生深有感触。

在曹县，一根网线带来的变化已然无处不在。如今，借助电商发展，客服、摄影、美工、运营等电商服务类公司在农村应运而生，仓储、加工、包装、物流、配套的餐饮酒店、商品销售、娱乐休闲也得到了共同发展，形成一个个电商产业大集群。

　　曹县电商办负责人介绍，曹县电商及相关产业发展已形成三大产业集群。一是表演服产业集群，集中在曹县东南部的大集、闫店楼、安蔡楼等乡镇，表演服饰网络销售额占到淘宝、天猫的70%。二是木制品产业集群，集中在曹县西北部的青菏、普连集、庄寨等乡镇，曹县木制品占据淘宝、天猫、京东几大电商平台的近半市场。三是农副产品产业集群，已形成以芦笋、黄桃、烧牛肉等为主要网销产品的农产品上行产业集群。

　　电商扶贫效果显著，曹县电商从业人数达20万人，全县943个扶贫车间中有20%是电商扶贫车间，直接带动两万多人精准脱贫，占全部脱贫人口的20%，12个省级贫困村发展成为淘宝村，实现了整村脱贫。

澜沧"电商扶贫课"院士开讲

韩　啸

　　2019年底，在云南省普洱市澜沧拉祜族自治县竹塘乡云山村，由中国工程院主导的澜沧科技扶贫班迎来了首批身着迷彩军训服的电商学员。来自全县20多个乡镇、年龄从20—50岁不等的首批60名学员，将在未来半年参加三次集中授课，从零开始学习如何开店、如何提高店铺运营效率等电商知识，并将在电商平台开设属于自己的网络店铺。

　　2015年，中国工程院确定了在澜沧的定点扶贫工作。著名植物病理学家、中国工程院院士朱有勇和他的团队主动请缨，进入了这一边

朱有勇院士在给学员们上课

陲之地。四年时间里，朱有勇院士团队在澜沧已经开办了包括冬季马铃薯、畜禽养殖、冬早蔬菜、林下三七、中药材种植等多个技能培训班，培训学员超过 1500 人。

电商班的开设，是中国工程院科技扶贫工作继技能培训班之后首次引入电商课程。某电商平台也加入进来，澜沧"新农人"的优质农货将借助移动互联网销售至全国，澜沧科技扶贫体系也建立了从生产到销售的完整闭环。

院士"把脉"，特色产业路清晰了

澜沧拉祜族自治县地处西南边境，距离省会昆明超过 700 公里，与缅甸遥遥相望。这里自然条件丰厚，阳光充足、雨水丰沛，境内超过 70% 都被森林覆盖。澜沧主要生活着少数民族拉祜族，由于整体受教育程度低，村民长期被贫困所困扰。

2019 年已经是朱有勇院士澜沧扶贫的第五年。五年前，花甲之年的朱有勇院士接下了澜沧扶贫的重任，走出大学校园，住进了边陲乡村。

扶贫跟之前做学问完全不同。以往做学问、教书，更多的是埋头材料和数据之中，不断探索科学边界。而澜沧是实实在在的贫困，必须得在脱贫致富上"见真章"。朱有勇院士的突破点是开设技能培训班，将田间劳作和理论课程结合，首批实验对象就是林下三七和冬季马铃薯。

三七是云南名贵中药材，有很高的药用价值，在很多地区的扶贫攻坚项目上起到了作用，但对土地要求很高，一直面临连作障碍。

来到澜沧后，朱有勇院士实地调研发现，澜沧森林覆盖率高，人均树林面积超 20 亩，这其中绝大多数为针叶林，而思茅、澜沧的松林下是三七等名贵中药材最适合生长的环境。

为什么不让原本属于山林的三七回归山林？朱院士带领团队启动了林下三七专项科研课题，基于其深耕多年的生物多样性病虫害防控技术，不用农药化肥，有效解决了三七感染病虫害致使根部坏死问题，并将林下三七不到10%的成活率大幅提升至70%。

"不用一粒化肥，不打一滴农药，收益的15%要用于扶贫"，朱有勇院士将自己的技术无偿授予当地农户，并长年提供技术指导，但条件是种植企业必须兑现这一承诺。

林下种植的三七因为天然有机，有着更高的经济价值。"每公斤的干品价格能卖到6000元以上。"朱有勇院士介绍。与此同时，林下种三七也激发了当地农户护林育林的热情。2019年，澜沧已经开展了7000余亩林下三七有机种植的示范推广，预计2020年将达到1万亩。

同样，冬季马铃薯的引进，也是朱有勇院士努力推广的结果。

雨水过多很容易发生马铃薯晚疫病。澜沧的冬天与夏天正相反，基本没有雨水。与此同时，因为地处北回归线附近，日照充足、温度适宜。

朱有勇院士将优质冬季马铃薯的新技术引进到了澜沧。村民每年十一二月种植，来年三四月份收获，不仅不影响夏季作物水稻的种植，还为农户每亩增加2500—7000元不等的收入。2018年，澜沧县38个村寨示范种植优质高产冬季马铃薯3200多亩。

除了林下三七、冬季马铃薯外，朱有勇院士团队还开设了冬早蔬菜、茶叶种植、林业班、猪牛养殖班等，前后共计开设了24个技能班，培训了约1500多名乡土人才。随着扶贫的深入，目前，澜沧整体贫困率正在降低。据云南农业大学博士、竹塘乡科技副乡长毛如志透露，教学点所在的云山村此前共有未脱贫农户375户，贫困发生率42.93%。

开展电商培训，农货上行路顺了

解决了生产端的问题，接下来，如何高效地卖出去同样是脱贫致富的重要环节之一。

作为农产品变现的最后一步，销售渠道颇为关键。此前，绝大多数的农产品，都是通过售卖给中间商，并一级级向上传递到城市。中间环节层层加价，最终消费者购买的价格并不便宜，而农民获益也很有限。

开设电商课程正是朱有勇院士在技能班之后的最新尝试。

从农田到餐桌、从卖家直连消费者，减少中间环节、降低交易成本，这正是电商平台的核心优势。

在电商班的培训中，讲师们通过展示和分析平台上成功的农产品卖家，进而教授学员们如何快速入驻平台、高效实现店铺的冷启动，以及提高店铺的日常经营管理水平等。

除了零基础开店的方法和技巧外，电商班还利用电商＋平台的大数据分析，告知学员平台近 5 亿消费者的真实需求，帮助学员们找准产品的定位，加速澜沧本地的优质农产品上行。

来自竜山村的陈启勇，早早地就来到了现场报名。从 2014 年就开始种植澜沧特色水果多依果，通过嫁接技术将多依果改造成更多人能接受的、酸甜可口的味道。"线上卖货有线上卖货的逻辑。之前我的水果都只能卖给水果批发商，利润空间薄、受限制多。现在电商培训班开在了家门口，短时间就帮助我提高了对电商的认知。"

扶贫先扶智。从农产品的种植、养护、收获，再到加工、销售，中国工程院的澜沧科技扶贫正走向一条从生产到销售的全产业链化的道路。而电商平台的加入，给农产品上行增加了新的方向，帮助"新农人"更快速地向现代化转型。

电商下沉　育人先行

——吉林省舒兰市开展农村电商职业教育

缪　翼

　　"在舒兰，遇见更好吃的东北大米。"在京东商城的中国特产·舒兰馆首页轮播着的这条宣传语，出自吉林省舒兰市职业高级中学电子商务专业的一个由 6 名学生组成的兴趣小组。

　　17 岁的闫玺安是其中一员。

　　闫玺安的家在永昌村，父母种了 100 亩水稻。"每到收获的时候，都是被小型米企以较低的价格从地头收走。"他从小就想要开一个像样的店，把家乡的大米以及当地特产卖出去、卖个好价钱。

　　近年来，舒兰大力发展乡村经济、深化现代农业建设，瞄准"舒兰大米"品牌化发展之路。如今，通过闫玺安参与运营的舒兰馆，他的梦想正一天天变成现实——2018 年 10 月至 2019 年 11 月，销售额累计突破 1000 万元，舒兰大米被越来越多的人认可和熟知。

产教融合培育电商实用型人才

　　2017 年，舒兰市职业高级中学刚刚决定开设电商专业时，校长房亚杰其实是忐忑的。"会不会被广大家长和学生所接受？师资能不能跟得上？"在房亚杰心里是个问号。

舒兰，地处北纬43至44度，正在世界黄金水稻带上；有国家认定的绿色水稻生产基地，也是全国单季水稻生产大县，水稻种植面积80余万亩，常年产量在45万吨左右。

而此前，可能知道舒兰大米的人并不多。

"以水稻为主的绿色农业要发展，离不开电商，更离不开适合电商发展、适应时代发展的人才。"凭借这样的信念，房亚杰决定在2017年开始招收电商专业学生，"我们要充分发挥职业教育在新农村建设中的助推作用。"

招生简章一发出，报名学生即满。这种"被需要"让房亚杰更加坚定了信心和决心。

房亚杰最担心的师资问题，因为与京东大学产教融合中心的合作也迎刃而解。教学实施采取了京东教学体系服务外包形式，给闫玺安他们授课的是5名来自京东认证的讲师团队。

其实，京东大学产教融合模式于2013年正式开展，目前已与全国近百所院校开展合作，从具有京东核心竞争力的电商、物流、AI等业务聚焦，着力培养理论知识与实践能力并重的学生。

2019年，已经是舒兰职高电子商务专业第三次招生了，目前该专业在校学生120余人。"大量专业人才的产出将有效推动舒兰乡村振兴。"这让房亚杰倍感欣慰。

"看到舒兰的变化，其他县市也开始动心。"京东舒兰特产馆负责人潘立杰介绍，2019年省内已开通电商课的高中职已有20多个学校，其中部分学校积极要求开通类似"舒兰模式"的地方特产馆。"正在交涉且明年即将开通电商专业的高中职学校将达到50个。"

这无疑是一场产教融合视域下的县域中职办学变革，它为发展农村电商培养着实用型人才。

课堂内外老师手把手教

在一节实训课上，闫玺安担任舒兰馆客服，用老师课堂上教的方式方法和消费者沟通，推荐符合对方需求的商品，并最终促成交易。"当时觉得挺兴奋的，感觉像是自己开店自己经营。"闫玺安说。

在舒兰职高的教室里，这样的实训课从商品拍摄、文案设计、美工技术到竞品比较分析，老师都手把手教，并经常让五六个学生分成小组讨论，进行头脑风暴。

在教室以外，讲师有时带学生们到田间地头，给他们讲水稻水分晾晒到什么程度在加工时能最大程度成粒、机收水稻和人工收割水稻在品质方面的差别；有时带学生们到京东大学电商专业实训基地，让学生们自己动手打包商品，参与物流过程；有时带学生到大米生产加工企业，一个品种一个品种地品尝米饭，教他们从源头把控产品

从课程到实践、从课堂到车间，舒兰电商职业教育给学生们搭建了实操平台

品质。

把特产馆开到了学校里，这在全省乃至东北都是首例。由京东大学老师和该校电商专业学生一起运营的特产馆业绩很不错——2018年10月，舒兰特产馆新建，销售额从零开始。截至2019年8月26日，舒兰特产馆成交金额1000多万元。上线商品45款，其中舒兰大米22款、杂粮20款、其他特产3款。2019年6月18日以来，店铺利润近20万元，共售出舒兰大米1768吨。舒兰大米等特产在线已覆盖全国29个省172个地级市1523个县市区。全店访客数达到108万人次，浏览量达到229万次。

"像闫玺安这样的学生，毕业就可以自己开店，一点问题都没有。"眼看第一批电商专业的学生们就要毕业了，培训讲师感慨于他们进步之大，"你给他们实操的平台，他们还以对家乡、对产业更大的热情。"

最好的教育是传承

在促进县域经济发展的诸多因素中，最重要的是人，把人留住是目前县乡发展的根本性问题。

"要像老师一样，在当地做一名专业电商讲师，带动家乡发展。"听到班上另一个男生王弘宇的这番话时，培训讲师长出一口气："电商带动产业蓬勃发展，舒兰将会留住越来越多的人才。"

"我们电商专业毕业的学生回到家乡就可以投身到农村电商热潮中，为家乡振兴贡献力量。"为了实现自己的"小目标"，王弘宇学习可有动力了。

"有机红豆　真空包装　红小豆　小红豆　东北　五谷　杂粮　真空装　大米伴侣"，这是舒兰馆在售的一款有机红豆的产品标题。

　　一个红豆，为什么标签那么多？其实这 27 个字并没那么"随便"。王弘宇在课后经过大量实践归纳总结了小技巧，"这些是搜索的高频词汇，曝光度比较高"。

　　除了设置容易被人搜索到的关键词，王弘宇对网页怎么设计更加美观合理、文案怎么写更吸引眼球、图片如何制作等都有比较深的研究。

　　"毕业后我想边自己开网店边教学，积累丰富实践经验以传道授业。"这是王弘宇和同学们的共同想法。

办培训　造网红　结对子

——电商扶贫的"万荣段子"

余向东　　王鹏举

山西省万荣县，地处黄河与汾河交汇处，中华祖祠后土祠也坐落于此，人文历史厚重。万荣县盛产"段子"，虽然尚未摆脱贫困，乐观的当地人善讲笑话；同时这里还盛产苹果，千秋后土物产丰富。

2016年6月，万荣县被确定为"全国电子商务进农村综合示范县"。两年半过去了，万荣是怎样把发展农村电商和精准扶贫做到有效对接、有机融合，又是怎样把电子商务生态植根于广大乡村特别是贫困村，让互联网红利惠及更多的建档立卡贫困户的呢？且听记者讲一讲有关"电商扶贫的万荣段子"。

建村点，让变化说话

南里村是高村乡的贫困村之一。下午1点，贫困户杨迎辉来到位于村中央的电商服务点。"这是你在网上买的手机，"服务点负责人冯铭从收货架上取下一个包裹交给杨迎辉，"来，在这儿签个字。"

"好好。"老杨一边答应着，一边迅速写下自己的名字。他告诉记者，村级电商服务点设立之前，收发快递都得到十里远的乡里甚至是县上。冯铭说："网上货品丰富，更容易货比三家，每年帮助村民代购四五十万元的生活用品和生产资料，能节约开支好几万呢。"

村级服务点更是推进农货上行的桥头堡。皇甫乡乌苏村的中年妇女李青青，在自家商店里建起了电商村级服务点，由在外工作的女儿帮助一起找渠道，她买回标准的苹果网货包装，帮助贫困户分拣、包货、发货。李青青自豪地说："可别小看我这个村点，每年能帮村里贫困户卖掉20万斤苹果呢，线上比线下每斤多卖将近一块钱。"

把农产品变成网货，就是把"提篮小卖""披头散发"的农产品，升级成"精挑细选""梳妆打扮"优质品。近两年，万荣县先后建起了村级电商服务点179个，65个贫困村就建了61个，基本做到了全覆盖。

精培训，让转化说话

"多亏参加手把手的电商培训……"见到记者，通化镇东畅村的李春娟忙不迭地说。李春娟是建档立卡贫困户，万荣县商务粮食局了解到这个情况后，采取一对一手把手培训的形式给她吃偏饭，让她做起"店小二"，月收入有两三千块钱。

万荣县不断创新电商培训方式，在线直播、千人沙龙、万人分享、专题培训、实操训练等培训形式琳琅满目，65个贫困村先后有1626名贫困人员参加了各类的电商培训，转化率达到40%。像李春娟一样的86个贫困户实现了电商创业，农村产品年销售额288.2万元。

2018年8月，万荣县还率先成立了本土电商讲师团。由电子商务协会对本土讲师进行培训、考核、发证。"这些讲师早出晚归，披星戴月，战酷暑斗严寒，跑遍了全县所有贫困村，乡里的包村干部和第一书记也同步培训，这样容易形成氛围，也容易出效果。"万荣县电子商务协会会长贾秋丽说。

万荣县积极构建电商扶贫培训机制，让贫困户也能玩转电商

推网货，让市场说话

　　"我们积极与 400 余名境内外微商、网商对接，举办了全县网货开发大赛，充分激发群众的创造力，开发出优质好水果、特色小杂粮、精深农产品、民间手工艺四大系列 200 多种网货和包装，带动农特产品上线销售，催生出一批新业态，以产业升级助力脱贫攻坚。"在万荣县电商扶贫网货超市，县商务粮食局负责人介绍说。

　　三白瓜是万荣县独有的一种优质水果，被誉为水果界的"白富美"。过去只能在线下销售，价位也不高，通过万荣电商从业者的不断研发和试错，改进包装增加了气柱隔层，网上销售价格比先前增加了两倍多。

　　付崧是谷歌北京公司的交互设计师，姥姥家在万荣。有一次她出去逛街，没有找到合适的包包，一"气"之下，自己给自己设计了一款包包，由妈妈帮着买回皮革并缝制了一个新潮可心的包包。从此一发不可收拾，她亲自设计款式，妈妈在老家组织一个姥姥团队手工缝制皮包，网上营销至国内一线城市和美国、加拿大等国家，成为堪比名牌的时尚网货。

造网红，让影响说话

"快看，我们的万荣大飞鸡来了！"说这话的是万荣县北阳村的"95后"女生董晓聪。在她的身后，成百上千的芦花鸡正从高崖上一跃而下，气势磅礴，十分壮观。小董是山西省畜牧兽医学校毕业的大学生，她放弃在城里就业的机会，回到老家承包了一个荒沟，建起了聪哥养殖有限公司。她每天除了养鸡、收蛋之外，还在快手平台上做直播，两三万粉丝的购买量，让她和员工们应接不暇。

万荣县打的是"品牌引领＋网红引爆＋活动引燃"的组合拳。聘请浙江大学 CARD 农业品牌研发中心策划了万荣苹果区域公共品牌"一个快乐的苹果"，其品牌价值已达 30.65 亿元，位列山西省第一。万荣县还策划了三白瓜推介、京东万荣苹果秒杀、电商达人演讲、电商沙龙、小视频分享、直播等系列活动，让贫困户的电商从业者人员获得出镜机会。

万荣县制定政策，让电商从业人员外出参加展会，能够像机关事业单位工作人员一样享受差旅费报销。厦洽会、西洽会、绿博会、亚果会……万荣苹果、万荣剪纸、万荣手工布艺、万荣定制喜果成为公众号海量转发和朋友圈津津乐道的"网红"。

结对子，让收入说话

在电商扶贫中，万荣县积极探索"龙头企业带动型、电商大户引领型、专业渠道导入型"等发展模式，构建了"一企带多村""一店带多户""一人带多人"的利益联结机制。

万荣县思齐电子商务有限公司，是一家主打"亲蛋蛋"品牌的手工企业，针对企业劳动密集型的特点，他们把手工布鞋项目委托给贫困户代加工，带动230多名贫困户就业，户均增收5000多元。

汉薛镇的陈嘉雄大学毕业后，一直在杭州运营店铺。2018年6月，他回到家乡开始创业，按照"市场分析——人群分析——运营策略制定——推广"的流程，运营了6家线上店铺，日销量数百件。仅仅半年时间，就帮助村民特别是贫困户销售苹果、桃、冬枣等生鲜产品100万斤，绿豆饼、小麻花、柿饼等特色小吃5万斤。

光华乡66岁的孙秀亲是一个民间剪纸艺人，也是一个不服老的电商达人。她带动周围200多户贫困户，将剪纸艺术和苹果网货完美融合，既卖了苹果，也卖了文化，实现了贫困户的脱贫增收。

"万荣县持续推进'赋能于民、赋财于民'的电商发展模式，以农产品上行促进电商扶贫做法，具有典型示范意义，值得点赞。"一位相关方面专家说。

"彭水赶场"优质农货不缺席

杨元忠　陈　淋　张茂玉

近年来，重庆市彭水县紧跟"互联网+"潮流，积极发展农村电子商务，依托"彭水赶场"平台和网货中心，多措并举打通网络销售渠道中"最初一公里"和"最后一公里"，推动农产品出村上行，让农村电商走在脱贫攻坚工作的最前线，让群众卖得出农产品买得着产品。

渣海椒、腊香肠、晶丝苕粉、高山小土豆、板栗、猕猴桃、八月瓜……乌、郁两江环抱、高山立体气候、少数民族聚居，特殊的地理文化催生了彭水琳琅满目的农特产品。

眼下正是猕猴桃和八月瓜成熟上市的时节。2019年9月8日，在"彭水赶场"的网货中心，工作人员们正忙着打包野生猕猴桃和八月瓜。在这里，每个月、每个时令都会有应季的瓜果蔬菜、农特产品通过"彭水赶场"这个大平台被大规模、大批量地销往全国各地。

"彭水赶场"微信公众号是集"电商产品、网商店铺、彭水旅游、电商扶贫"等资源于一体的综合性电商平台。经过近两年的发展，"彭水赶场"已成为彭水区域农副产品销售的公共服务平台、彭水农村电商发展的重要品牌，更为彭水农村电商的发展搭建了更加科学的营销平台，为"农产品电商上行"、带领贫困户增收脱贫夯实了平台基础。

作为全国电子商务进农村综合示范县，2019年，彭水通过建立绩效机制，加强电商服务体系运营管理；强化农产品电商主体培育，开通消费"直通车"；举办"3·15""6·18"等"电商节"，依托"彭水赶场"平台，通过电商扶贫爱心购等活动，推动农产品出村上行；开展农产品电子商务精准扶贫培训，教授网店运营技巧；开展电子商务扶贫行动，结合乡村振兴出台了《彭水自治县2019年电子商务扶贫工作考核办法》，完善彭水电商精准扶贫工作机制，落实深度贫困乡的电商精准扶贫政策，充分发挥"彭水赶场"区域公众号优势，加大推介力度，创新营销手段，让农村电商走在脱贫攻坚工作的最前线；利用东西协作扶贫和两江新区帮扶政策优势，充分发挥农村电子商务优势，线上线下结合，发展社区电商，带动晶丝苕粉、糯玉米、土蜂蜜等农特产品上行，拓展困难群众增收渠道。

数据显示，2019年1—8月全县电子商务交易额实现25.53亿元，网络零售额实现7亿元，同比分别增长212.26%、202.45%。网络零售额占社会消费品零售额比重为22.98%，快递包裹进出比实现2∶1。新增电商就业500余人，带动3100余户贫困户实现增收1000余万元。

自2019年9月以来，靛水街道文武社区1组的电商户陈雪林，每天野生猕猴桃和八月瓜的销量在200斤左右。

做电商三年的陈雪林坦言："做电商很累，不过自从有了网货中心后轻松很多，时间和成本都节约了不少。"陈雪林告诉笔者，以前他不仅需要到处去找货源，还要承担12元的高成本物流费。网货中心建立后，物流费成本降至5元。

为了跟上市场需求，保证货源充足、及时发货，彭水县在电子商务产业园设立了"彭水赶场"网货中心，由电商合伙，入股运营。

2019年，彭水强化网货基地建设、网货中心运营服务，夯实农产品供应链体系建设，为"网货中心"购置了相关设施设备，采购了产品包装箱等材料，优化了运营团队、规范了运营流程、制定了管理制度、建立了产品"小云仓"，聚集了有"标准"的产品30余类120多个和包括生鲜农产品在内的200多个初级农产品，为全体网商们电商创业和网络销售彭水产品打下了基础。